博客思出版社

經濟發展新論與願景

吳文進 ◎著

【序】從對現實的理解構思均富永續之未來

　　有關本書的各項觀點，在腦海中盤旋已久，一直到最近才有機會沉澱思緒，將這些觀點有系統的整理舖陳彙集成冊。《進步與貧困》一書作者亨利喬治在該書序言中有一段敘述：「當最後一頁，在萬籟無聲的深夜完稿時，只有他獨自一人，亨利喬治突然跪倒在地，像孩子般哭泣起來，他業已履行了他的誓言，其餘的都得由上帝決定」。這段話也很能形容筆者完稿時的心境，尤其因為天生口拙詞窮、表達能力微薄，將龐雜思考轉化為具體文字的這段歷程更是備感艱辛。寫作本書並非有甚麼特別的情懷，只是因為出身貧民窟，在半生汲營於改善生活處境的經歷裡，有機緣發掘釐清許多人們似乎還不很完全明瞭的經濟事理，我覺得有義務將所發掘出的這些經濟事理發表於世分享大眾，因此雖明知文筆遲鈍，仍不畏成敗全心投入。在著手整理本書論述之前，筆者還先花了一些心力深入研習正統經濟學理論，以與本身的想法相互比較對照，並得以組織成更清晰全面的經濟運轉圖像。其後於動筆書寫階段，再反覆構思編修，竭力將這些想像中的圖像做流暢完整的文字呈現，而終能成冊。企盼這些論述能提供給有興趣讀者既輕鬆又有深度的

分享。

　　本書所要傳達的觀念有兩個重點，首先是對經濟運作規則的描述與對經濟發展原理的解釋，接著再經由對經濟現象的理解，從中尋求解決當代經濟最棘手問題的可行方向，包括貧富懸殊的問題以及環境破壞的問題。經濟情勢的發展受到紛亂複雜的各種因素影響，很難完整描述，也很難精確分析。傳統經濟理論建構很多數學模型，用以計算分析群體的心理均衡意向，卻忽略了一項重要客觀現實的自然法則，那就是忽略了財富集中化的發展對經濟情勢變動的牽引。本書對經濟原理的論述沒有用到深奧的數理模型，而是純粹根據從現實中所觀察的各種經濟現象，以簡單邏輯推演其相互之間的前因後果，其中特別著重在財富集中對經濟穩定性的影響。影響經濟發展與變動的因素錯綜複雜，本書特別著重在財富集中這一因素，並不是認為經濟發展與變動完全是由這項因素所造成，而是從宏觀的角度分析發現，財富集中實在是影響經濟變動的一項重要關鍵因素，但卻一直被主流經濟學界所忽略，因此而想要嘗試將財富集中這一因素加進既有經濟理論中，並以財富集中所會產生的影響為思考主軸，將現實複雜散亂的各種經濟事件有系統的組織起來，串接成條理有序的互動架構，並彙整為完整的理論體系。這些論述如果能夠得到認同，或許可為現代總體經濟理論補上有用的一塊拼圖。

　　在尋求解決有關貧富差距懸殊以及環境破壞問題的方案上，本書先分析造成這些問題的根本原因。其中貧富差距懸殊的主要原因是來自於分配規則的不合理，經濟體中國民生產成果的分配並不是依貢獻程度或辛苦程度決定，而是由議價能力決定，土地與資本的議價能力高可以分取較大的份額，基層勞

工靠販賣勞動力養活自己，必須勞動才能生存，只能妥協於資本家的薪資安排，勞動工資總是固定在僅能維持其基礎生活水準的最低所得水平，很自然地就形成所得分配不均，貧富差距懸殊之現象。而環境破壞的問題則來自於經濟穩定對成長的依賴，為了要安定經濟維持就業，經濟必須不斷成長，必須不斷的推高生產與消費，因此就算有些人有意願想要減少消費保護環境，但是在努力消費拚經濟的氛圍下，節儉的美德並不會得到太多認同，為了經濟穩定發展，環境保護的思維只會一再地被忽視。

關於這些問題的解決方案，本書的主張並不特異，就是傳統藉由租稅政策調整來促進財富重分配並發揮引導經濟走向的功能。雖然透過租稅安排與移轉支付補貼中低階層是改善貧富差距的最有效方法，這個道理大家都知道，但是租稅制度變革是社會利益分配的激烈戰場，增加富人稅的理想並不容易付諸實行，甚至很多時候稅制的變動還經常出現向富人傾斜的情形。有關稅制的變革討論，左派或右派都會舉出一堆理由來強化自己立場，最終仍然是政治力決定，不容易經由理性討論取得較合理的安排。雖然如此，本書仍然願意進行相關原理的論述，重點放在土地稅與遺贈稅改革的合理性、可行性，以及其對扭轉財富集中、縮小貧富差距的有效性。這些論述多少可以為致力於社會公平運動陣營增添一些力量。

環境保護與經濟發展的衝突是比貧富差距惡化更難處理的問題，不論理論或實踐都是如此。對此本書設想了一些方案，思考主軸是技術進步生產力提高後，並非一定要生產更多商品，也可以是降低人們的工作負擔。因此政府可以藉由高消費稅及低工時政策調整，引導民眾多一些悠閒少一些消費，當

失業率攀高時，經由低工時政策引導，就可以將相同份量的工作分配給更多人完成，那麼社會就可以不用依賴無止境的經濟成長而仍然能夠維持充分就業。如此一來消費數量無須被迫成長，消費對環境的傷害可以大幅減緩，有時間經由科學方法及綠色經濟的商業模式獲得修補，而且科技的發展又可以用來減輕人們的工作負擔，改善辛勤勞工的高壓過勞生活，還給人們更多悠閒空間。減消費增悠閒難免會縮減經濟成長，在習慣了競爭比拚的現代社會，這種論點可能比較不容易獲得認同。然而，如果有一個方向可以讓我們在不影響生活品質的情形下，既能保留給未來世代應有的美好生存環境，又能增加當代人們悠閒舒適，是絕對值得我們嘗試與努力的方向，或許這才是為了人類文明永續該走的道路。

　　筆者自信書中每一個觀點，每一段描述，都會是有用的道理，但限於表達能力，行文只能力求平順完整，沒有華麗優美引人入勝的文采，對每一位有興趣閱讀的同好先進，筆者都致上由衷的謝意。

吳文進

2019 年 7 月

目錄 Catalog

第一章 引言

1-1 嘗試探索的一些未來方向

　　貧富差距懸殊和地球環境破壞,是資本主義最根本的兩大缺陷。數百年來在資本主義體系下,經濟的發展不斷協助科技的突破,不斷推動物質的進步,不斷創造大量的財富,巨幅提升了人們的物質生活水準。但是在資本主義體系下,也從未停歇的在傷害一部分的貧困族群,也不斷在逐步侵蝕破壞人類賴以生存的地球環境。

　　雖然分配不均是亙古以來人類就無法避免的現象,不論是在階級、財富、健康、才能等各方面的條件,人生而有巨大不平等,再加上後天機運及努力,每個人本來就會有不同的地位與處境,或許有些可歸咎於宿命的無奈,但是資本主義加劇這種差距的擴大,製造為數眾多的貧窮問題,貧窮者因為一無所有而失去了選擇自由,在自由競爭的資本主義體制下,必須忍受低薪及過勞,有些失業者則連基本生存都陷入困境。過勞是工作太多做不完,失業是工作太少找不到工作,在強調自由選擇的市場經濟裏卻總是同時有很多人失業又有很多人過勞,這是制度所製造的矛盾,過勞是悲慘的、失業也是悲慘的,兩種悲慘理當可以經由制度的改良而獲得抵消。

　　資本主義推動經濟的成長，將人類的消費帶到前所未有高峰，卻也對人類所賴以生存的地球環境產生巨大破壞，最終甚至可能因此將人類自身帶入無法生存的絕境。資源的耗竭、環境的污染、氣候的變遷等環保課題成為我們迫切需要處理解決的生存問題。或許可以借助科技的發展，協助降低過度消費對環境的破壞，但目前為止成效相當有限，環境還在不斷惡化之中，因此在科技還未提出可靠解決方案前，更迫切要做的是適度減少人類不必要的消費，從源頭減少對環境的傷害。但降低消費又會衍生出經濟衰退失業惡化的問題，減少一些便利、享樂、或炫耀，對很人來講都可以接受，只是資本主義需要成長，只有不斷成長才能維持就業，減少消費就意味著衰退，也意味著會有更多人將陷入失業困境。過度消費擴大了環境的破壞並加劇未來的生存危機，想減少消費給環境多一點喘息空間卻又會立即衝擊相關從業人員的現行生計。在現實世界中經濟發展關係無數人的生計，是眼前必須迫切面對的問題，而環境破壞的影響漸進而不明顯，且許多是累積到以後世代才會出現較嚴重衝擊的潛在威脅，因此環境保護的理念總是不敵經濟發展的需求。因為存在這種矛盾衝突，因此環境保護的理念想要能得到更廣泛認同發揚，就必須先設法擺脫經濟對成長的依賴，必須先建構一個不必依賴成長就能維持經濟穩定運行的社會環境，才有辦法使環保的理念與行動能真正順利地被推廣與落實。

　　數百年來科技創新發明極大程度提高了人們的生活水準，其中資本主義的效率推動功不可沒。但資本主義也同時存在分配不均、貧富差距懸殊、環境嚴重傷害等重大缺陷。資本主義所存在的缺陷長期以來就一直為人所詬病，因此包括政府部

門、學術研究機構、非營利團體、社運人士等有很多人都在努力尋求改善方案，政策當局也不斷對制度本身做修改調整，盡力修補資本主義的這些缺陷。今日資本主義體系與十九世紀的資本主義已有很大不同面貌，例如納入更多福利國家元素、對大企業施加更多競爭限制、對勞工增添更多基本保障等。雖然各方都在努力尋求解決問題，但是貧富差距仍在持續擴大，環境傷害也在不斷加深。很顯然地，既有的政策措施都還無法真正有效修補資本主義缺陷。貧富差距懸殊看似社會無法避免的現象，環境災難看似人類無法改變的命運，然而制度是人創造出來的，因制度而生的問題也是人類自己所製造，即然是自己製造的問題就有辦法靠自己解決，只要努力探索，必能找到途徑來改變可能把世界帶向災難的現行體系。

1-2 嘗試解釋的一些當代經濟現象

　　在對現行體系所存在的制度缺陷探索更有效的改善方案之前，有必要先對當前經濟運行的現象與原理作更深入分析探討，才能辨認出問題的真正癥結所在，並針對問題核心研擬出確實有效的解決方法。這可以經由對經濟學的研讀獲得初步理解，只是目前經濟學界對經濟波動與經濟發展的原理並沒有一致看法，對經濟問題所應採取的對策與政府所應扮演的角色等見解也有很大差異，有時甚至完全相反，令人難以評斷對錯。因此對現行經濟運作機制的分析與理解，有必要再從更多不同角度觀察與思考。

　　在經濟學領域中，分配議題長期以來一直不被主流學派所重視，因為認為只要經濟成長，一切都會水漲船高，所以總體經濟學研究重點就是如何促進整體表現，只要整體增長平均福祉提高便能惠及所有人，是否考慮所得分配因素並不會影響主要結論。只有少數領域如福利經濟學等對所得分配這個議題有較多著墨，但是探討的重點也是著重在經濟產出如何分配才能極大化整體效用，而不認為所得分配是會影響經濟表現的重大因素之一。但是從宏觀的角度深入分析思考後，當可發覺對分

配議題的忽視著實是一個很大的缺漏，而且很有可能就是因為這些缺漏而導致目前各學派理論存在諸多爭執，有很多議題尚無法得到定論。因此本書將跳脫傳統束縛，主要從財富分配變化的角度分析財富集中現象對經濟發展的影響，所要分析的各項主題重點簡述如後。

為利分析財富分配變動對經濟發展影響，本書將先對財富的一些特性現象進行分析說明，主要重點在於闡述貨幣財富與實體財富在本質上的差異，以及探討經濟成長讓大家都更有錢的這些錢是從何而來，分析在等值商品交易中，如何形成財富不斷增長的現象。

景氣循環形成原因、經濟波動影響結果以及各項總體經濟活動的相關性等，這些景氣循環的相關理論是總體經濟學範疇的主要課題之一，但是各個學派並未有統一見解，凱因斯學派與新興古典學派兩大主流陣營各有不同理論體系，對經濟問題的解決方案也並不一致。因此本書將納入財富分配因素，以財富分配變化所會產生的影響為重點，從不同的觀點分析景氣循環的發生原因，以及信貸規模、資產泡沫、經濟危機、政府救市等各種經濟現象的互動關係，試圖對景氣循環理論做不同角度的補充解釋。

經濟成長現象是總體經濟學所關注的另一重要議題。以前段所述財富分配變化對經濟波動影響的理論為基礎，本書將再據以分析探討現代經濟成長現象的動力來源並歸納描述經濟成長的典型軌跡。另外，因為以儲蓄偏好解經濟成長來源，總是會產生節儉悖論的矛盾現象，因此有關資本與經濟成長的關係，本書也將提出和傳統內生成長理論不同的看法，從不同角

度論證，是經濟成長促進資本累積而非資本累積推動經濟成長。接著藉由對景氣循環、經濟成長機制所做之分析，將其與現代各國貨幣供給、公共債務不斷膨脹的現象互相印證，並從而可以清楚理出現代各國政府普遍陷入公共債務爆表危機的主要原因。

　　有了對經濟發展原理的重新詮釋，再用以解讀美國現代重大經濟事件發展軌跡，這些原理將可得到進一步印證。在詳細分析經濟發展原理，並與現實世界實際經濟現象相互印證之後，最後就可以對現代資本主義制度各種缺陷的形成原因做更深層分析探討，以及針對問題真正原因研議具體有效的解決方案。

1-3 情境界定及用詞說明

情境條件界定

為了有效聚焦議題的核心原理，減少其他變數干擾，本文所論述的經濟環境都假設是處在一個沒有對外貿易的封閉經濟體內，各種經濟現象的因果推論都是以在封閉經濟體內所可能發生的演變為前題。因此所得出的結論可能也只有在封閉經濟體內才能完全適用。雖然如此，在有一些情況下仍然是可以部分適用。第一種情況是以地球村的觀點來看，將全球視為是一個大封閉經濟體是合理的，因此以封閉經濟體為假設所推衍出來的結論做為解釋全人類之間的互動機制，應有其合理性，並不會產生假設條件與真實情境不符的誤差。其次，美國是全世界最大經濟體，其產值佔全世界五分之一，從第一次世界大戰之後美國成為引領世界經濟發展龍頭，其對國際經濟情勢的影響遠高於國際對她的影響，是帶動現代全球經濟成長的原動力，也是很多全球性經濟事件發生的源頭，因此其經濟發展歷程在某種程度上可視為是在封閉經濟體內所產生的發展，可以用其經濟發展歷程與本書各項論述相互印證。第三種情況是在

國際經貿密切往來的環境中，有些國家是有可能用加強貿易順差做為發展本國經濟的主軸，但是不可能所有國家都是順差國，也不可能永遠是順差的局面，當將對外貿易因素抽離，只思考內部的發展與運作時，本文的結論也可以有一些參考性。

　　另外，經濟規模會因人口的成長而自然擴張，這時人均所得或人民的生活水準並沒有改變，因此為了簡化論述，本文相關情境設定都假設為人口不變。

容易混淆的用詞統一說明

　　文中對有些用詞表達有可能會造成誤解或混淆不明的部分，此處先予以解釋說明。對商品價格或對經濟產值的衡量，會因為通膨的影響而有名目上的變動，單純名目價格變動並不影響商品實質價值，因此對有關價格描述都是指其實質價格，但是對資料數據引用則是保留其原始未經通膨調整的價格。在全文中對國內生產毛額這一概念會用很多不同語詞作表達，如經濟產出、經濟規模、產銷規模等，這只是為了配合前後文連貫性而選用不同的詞彙，它們的概念都一樣。BUSINESS CYCLES 一詞有一些不同的譯法，如景氣循環、經濟週期、商業週期等，在本文中主要採用景氣循環一詞，有時也會用到商業週期一詞，兩者是相同的概念。

第二章 學説探討及評論

2-1 凱因斯思想與凱因斯學派簡評

　　現代經濟學界對總體經濟現象的解釋並沒有統一的見解，因為有各種不同看法而發展出許多不同學派，其中有兩大主流，一是以凱因斯思想為主體強調需求對總體經濟影響的凱因斯學派；另一是沿承古典經濟理論精神，強調市場機能，使用理性與均衡分析解釋總體經濟現象的新興古典學派（New classical macroeconomics）。兩者在某些議題上的看法如市場機能有效性及政府應扮演角色等有很大不同，有時甚至完全相反，因此不可能兩者皆對，也有可能是兩者都共同忽略了一些重要變因。本章第一、二節將說明這兩種學說所可能共同遺漏的一項重要變因，並探討其理論與真實世界現象差異的關鍵原因所在。

　　總體經濟學中專門針對長期經濟成長議題所發展的理論主要是索羅成長模型及內生成長模型。其中索羅成長模型的基本邏輯是其他各種內生成長理論之架構基礎。但是根據本文觀點，索羅成長模型的前題假設與現實世界實際現象有諸多不相符之處，因此其推論結果與史實發展有一些明顯落差，這些與現實世界實際現象不相符的假設在內生成長模型中也未被調整

修正，這一部分將在第三節中詳述。

近年來因為長期的經濟不穩定與發展遲滯，漸漸的有一些學者注意到分配不均與經濟不穩定的關係，發現分配過度不均可能會傷害到經濟體系的穩定性，也不利於經濟成長。在第四節中將對數位較知名學者曾經提過的相關觀點主張略作說明。

以下本節先就凱因斯思想及凱因斯學派作探討評論。

凱因斯經濟思想概要

凱因斯對總體經濟運行原理的思想主要呈現在《就業、利息與貨幣通論》一書中，該書完成於 1936 經濟大蕭條還在持續時期，撰寫該書主要目的是為了替當時嚴重存在的失業問題尋找應對策略。該書的出版為各國採行赤字預算並擴大公共建設以應對大蕭條危機的政策提供更堅實的理論基礎，也開創現代總體經濟學一個全新領域。通論一書中最基本的精神在於強調有效需求對於總體經濟的影響，全書整理分析各種影響有效需求的因素及其變動原理，從而論證出總需求經常低於維持充分就業所需要數量，使得經濟運行會經常處於非充分就業狀態的經濟現實。

凱因斯將總需求分為投資需求與消費需求，他分別分析影響投資需求與消費需求的各種因素。並觀察到人們具有「邊際消費傾向遞減」及「邊際儲蓄傾向遞增」的一個普遍現象，邊際消費傾向遞減指人們並不會把所有收入用之於消費，會將收入的一部分儲蓄起來，且這個被儲蓄起來的比率會因為收入的增加而遞增，使得總收入與總消費間存在著一個隨著收入增加而擴大的缺口。收入與支出間的缺口必須要以投資來補足，投

資需求則主要受到預期利潤率與利率的影響，預期利潤率高於利率時，企業家預期有正報酬才會投資，當預期利潤率低於利率時企業家就不會再繼續投資。其中利率可經由政策的引導而降低，以此提高企業家投資意願，但這種方式有其極限，因為當利率下降到一定程度時會掉入流動性陷阱，再多的貨幣供給也無法再促使利率下降。影響投資需求的另一主要因素是預期利潤率，因為資本邊際效率遞減的原理，利潤率會隨著機器設備的累積而逐漸降低。利率的下調有其極限，利潤率的變動則是隨著機器設備的累積而持續下滑，再加上企業家信心經常處於不穩定狀態，因此總會出現還沒充分就業前預期利潤率就小於利率使企業家停止投資之情形，如此一來，投資需求的補充不足以彌補消費需求的減少，總需求不足以維持充分就業，致使失業成為常態。他以這些理論反駁當時經濟學界所認為自由市場可以完美協調，衰退或失業只是短期現象的理論，並反對以保守態度應對危機，他認為政府必須積極介入，只有政府才有能力增加各種投資措施，從而維持有效需求的穩定性，減緩經濟波動。

太過強調心理層面因素，忽略財富集中對消費能力的影響

　　凱因斯主張危機時期政府應該大膽介入，且光靠貨幣政策無法將利率降低到低於預期利潤率的水平，必須以赤字預算推動各種公共建設才足以刺激消費與投資，至於擴大公共支出後所造成的政府債務膨脹問題應該如何解決，在通論一書中並未提及。有些人認為經由政府介入使經濟復甦國民所得回升後，政府的稅收也會增加，財政赤字問題自然可獲得解決。但是凱因斯並沒有這樣的說法，他只說：「長期而言，我們都已死去」。

似乎他在這一方面並沒有什麼理想方案，所以只能先解決眼前問題，以後的事情以後再說。之所以會留下這樣一個難題，主要關鍵在於他的整個理論架構太過強調心理情緒對經濟活動的影響，認為企業家的投資行動完全取決於對未來的預期與信心，而忽略了財富集中對消費能力及對有效需求的影響。例如以下論述：

> 「由於貧富的分配取決於大致為永久性的社會結構，它也可以被認為是在長期中變動緩慢的因素，從而，在本書涉及的範圍內，可以被認為是既定的。」（通論第九章第一節，本書對通論之引述皆採自高鴻業的譯著）

> 「企業家所進行的是一場技能和運氣兼而有之的遊戲，賽局之後，參與者無從得知投資的平均所得為多少。如果人類的本性不受投機的誘惑，也不從建造工廠、鐵路、礦井和農莊中獲得樂趣（除了取得利潤以外），那麼，僅憑冷酷的計算，可能不會有大量的投資。」（通論第十二章第三節）

> 「對將來的懷有希望而興辦的企業對整個社會有利。但是，只有當合理的計算結果由於動物本能而得到加強或支持時，個人主動性才會大到能興辦企業的地步。」（通論第十二章第七節）

> 「僅僅用貨幣政策來控制利息率的成功程度，現在有些懷疑。我希望看到的是：處於能根據一般的社會效益來計算出長期資本邊際效率的地位的國家機構承擔起更大的責任來直接進行投資。」（通論第十二章第八節）。

他以預期和動物精神來說明企業家投資行為的不穩定性，因為這種不穩定性的存在，產生了投資的易變性，以及產品供給和需求的總體波動，因為不確定性和預期的作用，使得價格

機制無法自動達成充分就業的均衡，因此國家干預是必要的政策措施。但是把他的這些論述與今日社會現象相比較會有一些不相符的地方，現代經濟活動的投資決策主要由大型企業主導進行，他們有充分訊息可以對投資決策做更精確判斷，少有盲目樂觀或盲目悲觀的情緒性決策，也不會有純粹投機的不理性投資。再者，投資目的是在獲利，企業用貨幣購買資本財的目的在於預期未來能回收更多貨幣，再繼續擴大投資仍然是要再回收更多貨幣，如此長久下去終究會有市場飽和的時候，當投資無法再獲利時，必然會減少或停止投資，就此觀之投資不足實乃財富集中趨勢下的結構性必然，而非單純只是企業家信心不足的問題。面對衰退問題若只一味印鈔救市，則政府介入的救市措施只會有短期效果，當政府投入的資金又再度逐漸流入企業手中時，投資不足與失業增加的現象就又會再度出現。所以現實世界經濟衰退問題會反覆產生，而政府救市措施的反覆施行都只能是一時的救急措施，不斷實施的結果就是公共債務的不斷膨脹。

　　有關商業週期現象，通論以第二十二章做彙整說明，凱因斯認為通論中每一因素如消費傾向波動、流動性偏好狀態波動以及資本邊際效率波動等，都會影響商業週期發展，其中最主要因素是資本邊際效率的波動，而資本邊際效率波動又主要決定於人們信心與情緒的變化，因此商業週期的形成就是人們繁榮時過度樂觀以致於過度投資以及蕭條時過度悲觀使經濟無法自我調節等因素所造成。其過度強調心理因素對經濟發展的影響，這一點也與本書觀點不同。本書第四章中將論述到實質消費能力不足才是經濟衰退主要原因，而人們樂觀與悲觀的心理變化只是加重商業週期發展程度的助漲助跌因素而已。

儲蓄與投資關係的論述有令人混淆不清的現象

通論第六章中有提到儲蓄必然等於投資的敘述，但是該書整個理論又是在於說明因為投資不足無法彌補收入中被儲蓄的部分，才會產生危機和失業問題，如此看來，儲蓄又可不等於投資，兩者的不一致令人產生觀念混淆。有關儲蓄是否等於投資這個議題，後來學界比較大的共識是，在事前的意願上預定投資的數量不一定會等於預定儲蓄的數量，但兩者事後實際統計數據必然相同。儲蓄是否等於投資這個議題與本文主題較無關連，但是在本章第三節所討論的索羅成長模型中，有提到該模型因為對儲蓄等於投資這個概念有所誤用，使得其結論與現實世界的實際現象有一些不相符之處，因此本章於附錄 2-1 將提出對這個議題看法的詳細說明。

後續發展的凱因斯學派也同樣忽略財富集中的因素

通論出版之後，一些學者承繼凱因斯思想精神並引進新古典經濟學的市場供需模型進行凱因斯理論的分析，在凱因斯思想基礎上進行一系列研究與推廣，形成新古典綜合學派（Neoclassical Synthesis）或稱凱因斯學派，該學派主導了1950-1970 年代總體經濟學界的發展方向，其中最著名的是將凱因斯思想具體化的 IS-LM 模型，該模型成為現今總體經濟學課程的主要入門基礎，其在經濟政策觀點上，運用財政政策與貨幣政策調節經濟發展的主張也被廣為採行。但綜觀其整個理論體系仍然遺漏了對財富集中這一因素的考量，因此在公共債務不斷膨脹這一個問題上仍然沒有有效的解決方案。IS-LM 模型與真實世界經濟現象的契合度較高之處，在於擴張或緊縮政策會對總體經濟產生何種影響的闡述。從實務面來看，當經濟

衰退來臨時採取貨幣擴張政策有時有效，有時無效，很多時候必須同時搭配財政擴張政策才能將景氣拉到上升軌道。而只要同時採取貨幣擴張政策與財政擴張政策時，總能夠短時間內就可看到景氣回溫的效果。但是 IS-LM 模型只有在極短期之內，可以看出與真實世界的契合度，當政策措施所引導的理想均衡達成一段時間後，就會因為財富持續集中而再度改變原先均衡，演變出新的經濟局面，財政擴張政策通常都只有短期救市效果，擴張政策一段時間之後衰退與危機即又再起，使得政府在反覆印鈔救市的措施下，公共債務不斷膨脹。雖然只要同時採取貨幣擴張政策與財政擴張政策時，就總能夠在短時間內即可看到景氣回溫效果，由此看來 IS-LM 模型似乎仍有其道理，其對短期經濟活動的解釋似也確有穩固的實證支持，但是我們在真實世界所觀察到的長期現象是否有可能其實是由另一個不同的機制所產生的呢？這是本書第四章所要探討的問題。

附錄 2-1　儲蓄是否等於投資？

由以下封閉經濟體的兩個定義式可以導出第三個恆等式：

1. 國民所得 ＝ 消費 ＋ 投資
2. 儲蓄 ＝ 國民所得 － 消費
3. 儲蓄 ＝ 投資

儲蓄等於投資此一恆等式背後機制為何？這個議題在西方經濟學界曾經有過一些爭論，現在比較大的共識是以均衡的觀點解釋儲蓄與投資兩者之所以相等的原因，但是說法有點玄奧不易理解，也與「儲蓄 ＝ 投資」是一恆等式的概念不完全相符。

然而儲蓄真的必然等於投資嗎？可以說對！也可以說不對！

合理的解釋：商品儲蓄必然等於商品投資

　　純粹考慮實體商品的生產、使用與儲存，而不計入貨幣因素的話，則儲蓄確實必然等於投資。儲蓄是指保留起來沒用掉的，投資是指準備給以後用的，兩者所定義的對象會完全相同，數量當然也必然相同，就好像狗的數量等於犬的數量一樣，相同的事物，兩種稱呼，則該兩種稱呼必然相等。

　　機器設備的生產是一種投資，庫存增加也是一種投資，消費性產品生產完成未售出的部分就是庫存投資。不論產出水準如何，產出形成後，有一部分供作消費，剩餘的部分就是儲蓄，也稱做投資，從商品面看儲蓄一定等於投資。

　　假設在某一時期經濟體的總產銷共 100 億，其中分別有 80 億消費品及 20 億投資。這代表經濟體所有成員總共有 100 億的所得，其中有些人將 80 億用於消費，有些人將另外 20 億未用於消費而用於儲蓄，此時也有一些人以自有儲蓄或借貸他人儲蓄共 20 億用於對資本財購買，因此儲蓄與投資相等都是 20 億。如果其中對資本財的購買增加到 30 億，那麼總所得會增為 110 億，所得中未用於消費的部分也會增為 30 億，因此儲蓄仍然會等於投資都增加到 30 億。如果有人減少 10 億的旅遊觀光消費，那麼總產出會減為 90 億，消費降為 70 億，此時儲蓄仍然等於投資都是 20 億。如果有人減少 10 億的手機消費，但廠商的手機已生產完成，總產出仍為 100 億，消費減為 70 億，儲蓄增為 30 億，投資則因為手機庫存增加 10 億使總投資也增為 30 億，儲蓄與投資仍然相等都是 30 億。也就是說，對資本財增加購買的行為一方面會增加投資金額，一方面

也會增加總產出金額，而同步變動其與消費的差額，亦即同步變動儲蓄的金額，因此不論投資如何變動，儲蓄也一定等量變動，所以兩者一定相等。儲蓄行為的變動也是一樣的道理，消費者為了增加儲蓄對消費品減少購買的行為，表面上看會增加個人儲蓄，但因為廠商也會同步減少消費品的產出，使得總產出與消費的差額會維持不變，實際上整個經濟體的儲蓄會維持不變，仍然等於投資；或者消費者對消費品減少購買行為時，總產出不變而儲蓄增加，但廠商因為產品銷售減少而使庫存投資同步增加，因此儲蓄仍然等於投資。這都是因為儲蓄與投資指的是同一事件，都是指對資本財的購買加庫存變動。

過度的推論：貨幣儲蓄等於商品投資？

若將貨幣財富與實體財富整體合併統計也會得到相同的結果。因為對個人來講，貨幣的累積是他的儲蓄，但是對整個經濟體來講，一人貨幣的增加必定來自另一人貨幣減少或債務增加（不論是私人債務、公共債務或央行貨幣債務），整個經濟體貨幣財富淨額並不會改變。貨幣只是一種符號，不管發行量多寡，不管分配狀況如何，持有者與發行者相互抵銷後，整個經濟體的貨幣財富淨額恆為零。實質商品的生產與儲存才是真正財富，經濟體的淨投資量就是實體財富的儲蓄量，又因為整個經濟體貨幣財富淨額不會改變，淨貨幣儲蓄量恆為零，因此在統計數字上總儲蓄（即實體財富儲蓄與貨幣財富儲蓄的總和）也會等於投資。

商品儲蓄必然等於商品投資，這結論並無疑義，但是一般講到儲蓄等於投資這一論述所要表達的是如下概念：「對貨幣的儲蓄數量會等於將此貨幣運用於投資的數量」、「整體貨幣

的總儲蓄額會等於購置資本財的總投資額」、「一部分人對貨幣的儲蓄數量會等於另一部分人將此貨幣運用於投資的數量」等，這些意含應屬過度推論的誤解。因為，「國民所得＝消費＋投資」這一定義式是指以貨幣計價的經濟總產值等於消費性商品產值加上投資性商品產值，與貨幣的增減無關（貨幣只有流動而無增減），如果將之代入「儲蓄＝國民所得－消費」這一定義式得出「儲蓄＝投資」的定律，再進而衍申為「儲蓄提供的貨幣數量等於投資於資本財的貨幣數量」的結論，則是犯了邏輯上的錯誤。

　　投資者以借貸投資購買機器設備時，機器設備供應者會增加一筆貨幣，投資者會增加一筆負債，雖然整體貨幣供給額（M2）增加，但只是貨幣乘數擴張，貨幣淨額不變，對整個經濟體而言貨幣淨儲蓄為零，但所購買的機器設備為一筆新增的投資，顯然地，貨幣儲蓄不等於商品投資。在不考慮央行貨幣發行下，不管多少輪借貸循環、不管貨幣乘數大小，經濟體內貨幣數量淨額恆為不變，每一期的新增貨幣儲蓄恆為零，但是投資的數量會因生產消費型態的改變而改變，增加商品生產或減少商品消費有更多淨額留存就會有增加的投資，這些投資也稱為儲蓄，因此儲蓄等於投資，與貨幣數量的淨變化並無關連。

　　以一個最簡化的情境做說明，假設一個封閉的經濟體在某一時期所有生產活動都是消費財的生產，所生產的消費財全部當期消耗完畢，沒有增加的儲蓄，也沒有增加的投資。在此種基期下，假設某甲完全以自己勞動製造成一項投資品，譬如他搜集廢棄木料，並將之製成一張辦公桌，可以耐用二十年。那麼經濟體內就會產生一項投資，但是貨幣的數量與分配情形卻沒有任何變化，沒有動用任何人的儲蓄，就可以增加投資。由

上述模擬情境的簡化分析就可以很清楚看出投資與貨幣儲蓄並無必然關係。

簡單來講，商品投資數量變動不定，貨幣儲蓄淨額恆為零，貨幣儲蓄當然不會等於商品投資。

錯誤的比喻

有一種說法是以買進數量與賣出數量做比喻，價格越高會有越多商品願意被賣出，價格越低會有越多對商品的買進需求，兩相折衝形成一個均衡價格使願意被賣出的商品數量與想要買進的商品數量相等，並以該均衡價格來達到實際賣出數量與買進數量必然相等的最終結果。以之說明均衡利率與投資、儲蓄的關係，利率越高會有越多儲蓄資金願意被出借，利率越低會有越多投資資金需求，兩相折衝形成一個均衡利率使願意被借出的儲蓄資金與想要投資的需求資金數量相等，並以該均衡利率來達到實際儲蓄資金與投資資金相等的最終結果。但是兩者的情況有很大的差異，這種比喻並無法成立。

均衡指市場供求達到平衡時的狀態。此時價格與數量會維持在一穩定的小區間，如果主客觀因素沒有變動則經濟狀態短期的偏離會因為均衡的力量而使經濟系統很快回復原本的均衡狀態。例如當商品價格高於均衡價格時，消費者會減少購買而出現超額供給，為了避免庫存積壓廠商有降價求售壓力，因此市場價格只得向下調整。當商品均衡價格因為過度供應而導致價格降低時，就會有一些生產者生產商品的誘因減低而使得供給數量降低，也會有一些消費者購買商品的意願增高而使價格上漲，這個機制就會將價格與數量自動調整回均衡狀態。

　　投資不論是以自有資金投資或用借貸投資，投資後的資金勢必成為其他人的收入，可以繼續循環供應市場投資資金需求，不會消失。不像商品買賣，被買來消費掉的商品，並無法再循環於商品市場上，這是兩者情況的根本差異所在。商品的買賣市場可以因價格高低而影響商品供應量的多寡，但是資金借貸市場卻不會因利率高低而影響資金供應量的多寡。因為經濟體內貨幣淨額是固定的，利率高低或許會影響投資及消費意願，但是卻不會影響貨幣淨額；利率既然不影響淨額，自然也跟貨幣可借出量不會有必然的關係。商品買賣之標的商品賣斷以後就沒了，所以可以形成均衡價格；但是借貸的資金可以不斷循環供應到市場上，破壞原先的均衡利率，因此利率的高低並無法簡單的由對資金供求的強弱來決定。投資及消費意願的強弱或利率的高低會影響的是貨幣乘數（槓桿倍數）大小，而不是貨幣淨額多寡。利率越低，投資與消費意願越高，則貨幣乘數越大，反之利率越高，投資與消費意願越低，則貨幣乘數越小，與貨幣淨額沒有關係。

儲蓄或投資的形成與均衡無關

　　廠商對資本財的購買就是投資，也是經濟體的儲蓄，這是廠商單方面的決策，與消費者要將收入的多少比率用於儲蓄無關，兩者沒有相互影響的均衡關係。消費者無論增加或減少消費，對整個經濟體來講貨幣數量都沒有變動，不會影響貨幣的供給數量。經濟體中個人取得的貨幣收入是由經濟體其他成員移轉而來，當他將收入一部分存入銀行不用於消費時，社會只會減少這一部分資金的流動，並不會因此增加一筆投資，廠商也並不必然會把這筆資金借出來投資，相反的還有可能因為消

費量的減少使需求不振而減少廠商投資，因此由個人減少消費所儲蓄的貨幣就只是個人儲蓄，並不會因此轉為經濟體的實質資本。例如假設在某一期中家計部門的收入完全用之於消費沒有新增的儲蓄，此時家計部門的銀行存款餘額與上期相同沒有改變，在這種情形下廠商的投資活動仍然能夠正常進行，因為他除了自有資金外，他要向銀行借錢也總還是借得到錢，並不會因為消費者沒有儲蓄而限制了廠商的投資活動，因此廠商的投資決策並不會因為消費者貨幣儲蓄量的多寡而受到影響。當消費者決定增加 10 億儲蓄而減少 10 億消費時，是因為其也會同步減少總產出的金額，才使得產出與消費的差額會維持不變，因而儲蓄仍然不變而還是會等於廠商投資的金額，廠商投資的金額並沒有因此改變；當廠商決定增加 10 億投資時，因為其也會增加總產出金額，而同步變動其與消費的差額，也就是同步變動儲蓄的金額，才使投資與儲蓄同步增加 10 億，而維持相等，消費者的消費數量並沒有因此改變。不考慮存貨變化的話，投資水位的多寡完全是由廠商對資本財的購買數量所決定而與消費者的消費決策無關，任何一個水位的投資總數都不是長期穩定的水位，也不會有偏離該水位後又會很快回復回來的均衡特性，因此廠商的決資決策與消費者的消費決策並沒有所謂的均衡關係。庫存投資也是一樣，廠商決定生產數量、消費者決定購買數量，兩者的差額就是庫存投資，廠商與消費者都可以獨立完整做生產與消費的決策，不會互相牽制影響，與均衡無關。不論他們做了什麼決策，事後的統計數字商品投資與經濟體淨儲蓄必然相等，因為兩者指的是同一事件，都是指對資本財的購買加庫存變動。

總產出的形成也與均衡無關

IS_LM 模型以儲蓄與投資的均衡關係解釋總產出的形成，但從前述的分析可以看出這應該也是一種誤解。在 IS_LM 模型中，設定 $Y^d = C_0 + C_1 * Y + I$，其中 Y^d 為總需求、C_0 為自發性消費、C_1 為消費傾向、Y 為總產出、I 為投資需求。並假定均衡時，產出等於需求，因此 $Y=Y^d$，將此式帶入前面的設定式，得出均衡時 $Y = C_0 + C_1 * Y + I$，移項後得出 $Y = （C_0 + I）/（1 - C_1）$，也就是說，因為均衡的作用，總產出會由自發性消費、消費傾向與投資需求三個變項所決定。但是在現實世界中，經濟活動實際的運作過程應該是，消費者與廠商面對不同的經濟情勢變化，會不斷調整消費支出與投資支出，最終形成當期的消費、投資與總產出，有了實際消費與實際總產出才可以估算經濟體當期的消費傾向。因此如果將之解釋成經濟體有既定的自發性消費、消費傾向與投資需求，並因均衡的作用而形成特定的總產出，應屬一種倒果為因的說法。

舉例來說，假設在某一時期經濟體產出為 100 億， 其中有 70 億消費、20 億資本財投資以及 10 億庫存投資，那麼此時可以說經濟體的消費傾向是 0.7，如果廠商將資本財投資增加到 30 億，那麼總產出增加到 110 億，消費還是 70 億，消費傾向會降為 0.636，如果總產出還是 100 億，資本財投資仍為 20 億，但是消費者消費增加到 75 億，庫存投資只剩 5 億，那麼此時計算出來的消費傾向成為 0.75。消費者及廠商隨著經濟情勢的變化不斷調整他們的生產、投資及消費決策，這些決策都近乎是隨機演變，並非受到消費者的消費傾向所牽引，當他們以不同的決策形成不同的消費及投資數量後，可以據以估算出當期的消費傾向，而不是因為消費者的特定消費傾向牽動引導出特定的總產出金額。

　　總產出之所以總是等於總需求，是因為廠商會根據預估的消費量生產適量的消費品，但是預估必然會有誤差，當廠商高估消費量致使生產過剩時，雖然消費品產量比消費需求還高，但是多出來的部分會被列為庫存投資，完成銷售的部分才被列為消費，因此消費產出總是等於消費需求。而被列為庫存投資的部分也會被認定是廠商的庫存需求，因此投資產出也總是等於投資需求。總產出之所以總是等於總需求，實際上就是以庫存的調整來呈現兩者總是相等的表象，而非均衡的作用所形成。

結論

　　儲蓄等於投資這一議題，西方經濟學界一度出現混亂現象，各種解釋說法紛陳，目前比較大的共識是：事前的或意願的儲蓄與投資雖不一定相等，但兩者在事後的統計數字上必然相等，當事前的投資意願與儲蓄意願相等時，總產出即為均衡產出。但是如果從不同的角度思考即可看出這應屬倒果為因的說法，之所以會如此解釋的原因，乃在於將貨幣流動誤認為財富變動所造成的觀念混淆。然則儲蓄必然等於投資這一恆等式的背後機制到底為何？若將貨幣的流動因素排除在外，純以所生產商品的用途是消費或投資來思考，則儲蓄等於投資這一概念就可豁然開朗。

2-2 新興古典學派簡評

　　新興古典學派的理論特徵是從個體理性行為出發推而分析總體經濟現象,主要假設個體追求效用最大、能理性預期、價格可以充分調整、效用可以跨期替代,在這些前提下透過價格調整機能,來達成總體經濟社會各市場的均衡。1980 年代全球的經濟出現停滯性通膨的危機事件,各國遭遇的經濟不景氣,無法再用凱因斯學派的理論說明與解決,凱因斯學派的發展因此遇到了瓶頸。此時以運用古典經濟學理性與均衡精神分析經濟現象的新興古典學派乃重新逐漸受到重視。

新興古典學派的基本理論簡述

　　在經濟社會中,廠商僱用生產要素生產商品,消費者提供生產要素取得報酬,消費者再以所取得的報酬購買廠商所生產的商品。新興古典學派認為,在這些經濟活動中,廠商的最適選擇是在資源條件限制下尋求經營利潤最大化,消費者的最適選擇是在資源條件限制下尋求終身效用最大化。同時廠商所僱用的員工數、所給付的工資,必須要等於消費者在廠商所提供的資薪資水準下所願意提供的勞動量;廠商所生產的商品量必

須等於消費者所願意消費的商品量；消費者儲蓄的利率要求也必須等於債券市場的債券利率，如此則所有市場處於全面均衡狀態。就好像商品的供給與需求均衡可以決定商品的價格與數量，前述勞動市場、商品市場與債券市場的全面均衡可以決定總體經濟的各項變量，如工資、就業率、產出水準、利率等，從而分析各種衝擊及政策對總體經濟活動的影響。

假設與現實的差異處

　　新興古典學派的基本模型假設認為消費者會在消費與休閒之間做最適的分配選擇，以獲取個人最高效用。一個人所擁有的時間是固定的，每個人都是一天 24 小時，在靜態模型下，個人會選擇適當的工作時數以賺取收入並使用於消費，其工作時數的決定依據在於使其可獲得之消費與可保留之休閒兩種效用的組合能達到最大滿足。在考慮跨期替代的動態模型下，個人會分別決定每一期的最適工作時數，也會決定每一期的收入中用於消費與儲蓄（含負儲蓄）的配額，使得所有各期消費效用與休閒效用全部合併可以獲得最大滿足，這個跨期可以是兩期或數期，也可以是一個人終身所有各階段，也可以是跨世代的無限多期。但不論是終身各期或跨世代無限多期，模型都假設個人收入的最終目的是用於消費，只有消費才能實現效用，只有消費才能將所獲取的效用納入各期的效用組成來源，但這樣的假設與現實世界的真實現象明顯存在著不小落差。現實世界中有很多人賺錢的目的就只是為了累積財富本身的樂趣，也有很多人累積財富雖本來是為將來做準備，但終其一生或其後數個世代都不會動用到這些財富，對很多人來講持有財富本身就是一種效用（附錄 2-2 對財富的持有效用有較詳細的說明）。

在現實世界中存在有不少人擁有數個世代都用不完的財富，而且因為資本主義以錢滾錢的特性，每期都還會有遠高於其消費需求的非勞動所得，資本還會再繼續累積，每期都還會有正儲蓄，這些持續累積的儲蓄在可預見的未來也都不會轉成消費，這種對財富的囤積是一個普遍存在的現象。在動態模型中消費者所取得的要素報酬（勞動所得與非勞動所得）並沒有全部用在消費，會有一部分是被富裕族群所囤積起來，在可見的未來都不會用於消費，因此用全部所得所推算的消費需求與真正的消費需求間就會存在一些差異，而整個模型所推導的結論也就因此極有可能失準。新興古典學派其以理性的思維分析總體經濟現象，認為經濟失衡只是短期現象，在價格調整機能及跨期替代作用下，不久即能自行恢復正常，但是其前提假設中忽略了財富集中與財富囤積這一普遍存在的現象，經濟失衡不會只是短期現象，當有很大比例所得長期未被用於消費時，失衡就有可能長期延續下去。

政策主張也不受重視

　　新興古典學派在重視長期效果的思維下，其政策主張也顯得保守，不認同政府過度舉債干預的政策措施。新興古學派的理論除了對經濟危機的生成少有預測能力外，在面對危機時的政策主張也常被評為「脫離現實，不知民間疾苦」。其理論體系雖然嚴謹，但一旦發生危機或嚴重衰退事件，其參考價值就會受到挑戰。被挑戰的主要原因不在理論本身，對施政者而言，分不清理性預期與市場效率的對與錯，也搞不懂複雜的模型推論，其在意的只是政策的立即效果，在民主政治下沒有任何一個政府願意以現在持續衰退的代價冒險驗證長期不可知的

效果，因此其保守的政策主張不被青睞也自然是意料中事。

　　新興古典學派從理性預期與市場均衡的觀點分析經濟現象，政策主張注重長期穩定，平時這些理論可以獲得認同，但是危機一旦來臨，在解決燃眉之急的迫切需要下，這些理論與政策就會被拋一旁，轉而擁抱凱因斯的國家干預主張。凱因斯學派以需求為主的觀點解釋經濟問題，政策主張注重解決當下問題，但是卻對因此而起的公共債務膨脹問題束手無策，只能任憑其持續攀升。究其原因，他們問題的癥結都是在於忽略了財富集中與財富囤積對總體經濟的影響。

附錄 2-2 財富的持有效用分析

以需求層次理論分析財富追求現象

　　追求財富的原始目的是為了儲備未來的需求，是對今日的所得不完全用於今日的消費，而將一部分所得儲存累積起來以增加個人因應未來不時之需的能力。對世代傳承的家庭而言，累積財富除了是為了因應自己未來需求，也包括子孫世世代代的需求。這是一種積穀防飢的概念，只是這種為了因應未來需求而累積財富的動機，並不能完全解釋社會上普遍存在著對財富無止境追求的現象。現代心理學對人類行為模式與需求動機的解釋有一個很重要的理論即需求層次理論，主要將人的需求由低到高劃分為生理需求、安全需求、社會（愛與隸屬）需求、尊嚴需求、自我實現需求等五個層次。低層次需求獲得滿足後，會繼續追求更高層次的需求，但高層次需求未必只出現在低層次需求滿足之後，需求類型也可能重疊。這一理論因為很符合

現實生活經驗認知，理論獲得廣泛的認同，也是現代心理學理論主流學說之一。而觀察人類對財富的追求現象恰也可以很適切的套用這一需求層次理論來做說明。

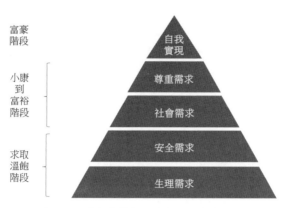

圖 2-1：財富狀態與需求層次理論對照圖

如圖 2-1 所示，在最基本的生理需求層次上任何人都必須取得基本收入來維持生存，以滿足基本的生理需求，基本生理需求滿足後大部分人都還會再繼續追求財富，努力儲蓄以備不時之需及支應社交支出，以滿足安全及社交層次的需求。除此之外，財富在某種程度上也等同於名聲地位，適當的運用財富（如幫助他人、公益捐款等）更能獲得他人的尊重，在滿足安全及社交層次的財富需求後，很多人都還會繼續追求財富，以滿足尊嚴層次的需求。最後，對一些人來講財富可說是成功的象徵，而且越高的財富代表越高的成就，越能滿足自我實現的需求，自我實現的需求是無止境的，因此有些人對財富的追求也是無止境的，就像是成功企業家對企業版圖擴展的追求也是無止境的。

　　雖然對尊嚴或自我實現的追求不一定要透過財富才能達成，但是財富的累積卻是最實在最直接有效的實現方式，財富數量是一個客觀事實，充足的財富可以是具體的成功象徵。累積愈多財富，對大部分人來講都能提升尊嚴需求與自我實現需求更高滿足。簡單的說，持有財富本身就是一個效用，一些財富可以滿足生理與安全需求，更多的財富可以繼續滿足社交與尊嚴需求，得到滿足尊嚴的高度效用，無限的財富可以滿足自我實現的無限需求，得到無限的效用。不一定要將這些財富用於消費才能得到效用。

　　對財富無限追求的現象並非資本主義社會所特有，而是人類與生俱來的自然本性，正如漢代司馬遷所言：

> 「天下熙熙，皆為利來；天下壤壤，皆為利往。夫千乘之王，萬家之侯，百室之君，尚猶患貧，而況匹夫編戶之民乎」；

> 「富者，人之情性，所不學而俱欲者也。」（史記貨殖列傳）

　　儲蓄可以說也是一種本能，對財富儲存的初始目的是為了支應不時之需或為退休養老做準備，不過因為無法預測日後是否會有什麼意外的大額支出，也很難評估儲蓄要到什麼樣的程度才足夠，因此只要稍有餘裕總是會再繼續努力儲蓄。而且更豐富的財富還可帶來尊嚴與自我實現的需求滿足，因此很自然地，對財富的追求與累積成為一個普遍社會現象。對大多數人來講勞動的目的是為了要賺錢，賺錢的目的是為了要支應現在、未來及後代的消費，但是對很多富豪來講其財富與收入已遠高於支應其現在、未來及後代的優渥消費支出，繼續追求財富的目的已不在於未來的消費，有部分是在於傳承後世，更大

的部分是在於尊榮與名聲的追求。在現實世界中經常可以看見有些富裕人士並無後代子女，仍終身汲汲於財富的追求累積，就是這個道理。

財富的孳息功能強化人們追求財富的慾望

進到資本主義社會後，有關人們對財富的追求經常會出現想要遠超過需要的現象，除了各層次需求動機外，以錢滾錢的資本主義運作機制也是一個重要影響因素。在資本主義機制下，財富不只是財富，財富還被視為是生產要素，可以分享生產所得。房地產可以收取租金；存款、債券可以收利息；股權可以分配利潤。擁有大額財富的人其非勞動所得就遠高於大多數人的勞動所得，只要理性運用，控制使收入大於支出，則終身不必再勞動其財富還可持續增長，可不虞匱乏並傳承後世。這種現象看在所有人眼裏，也就成為大多數人所追求的目標，使得儲蓄的動力不只是為了防備以後不時之需而做的對現有勞動價值的儲藏，更在於所儲蓄的財富本身還具有自我繁殖的功能。

一般基層勞工勞動收入僅能維持基本生活，少能再有儲蓄，高技術或高階管理人員收入相對較高，在維持一般生活之餘還能有些結餘做為儲蓄。所得的增加對勞動者工作與休閒的選擇會有兩種不同方向的影響，一方面因為所得充裕足供現在及未來所需，所以他有可能因此減少工作增加休閒，是所謂所得效果；另一方面因為單位時間所得較高，相同時間拿來工作賺取高薪的效用會更高於將該時間用於休閒的效用，所以他會花更多的時間用於工作，是所謂替代效果。理論上做決策時，會選擇增加或減少工作，就看所得效果與替代效果何者力道較

大而定,而在現實社會中普遍看到的是,越高薪者越是會拼命工作,善用自己有機會賺錢的時機,儘可能的累積財富,對大部分人來講,財富的效用總是高於休閒的效用,勞動曲線後彎的情形並不多見。他們努力儲蓄的目的,除了追求日後安全的生活保障外,另外一個目標就是想儘快累積足夠的財富,再投資理財以錢滾錢,以追求更富裕自在的人生,晉身經濟自由階級。已經擁有龐大資產者,由其資產所孳生的存款利息、股票股利、房地產租金等非勞動收入即可供應其優渥的生活,並且還能有大量剩餘持續累積資產,富人們以資本報酬就能恆久的享有優渥生活,同時財富還能持續累積,在複利效果下,財富累積的速度還會越來越快,越有錢就越容易再更有錢,這些現象都一再地激發人們極力累積財富的意願。

因為對匱乏的恐懼,人們總會盡量儲存財富,為了贏得更多榮耀讚賞,很多人還會無止境的累積財富,基於對安全、榮耀、自我實現等需求,人們本來就有追求財富、無止境累積財富的天性,在資本主義制度下,財富還可以再生財富,財富不只可用來消費,還可用來代替勞動持續產生收入,在這種制度的激勵下,人們追求財富累積財富的慾望更是獲得極大的強化。

被經濟理論忽略的財富囤積現象

很多人從擁有財富本身就能得到效用,並不一定要將之用於消費。對大資本家而言,更多的財富可以再產生更多的資本所得,其原本就有極優渥的生活,更多的所得已不會再增加其消費,而是大部分用來擴張其企業版圖。對資產豐厚的富裕族群來說,賺錢的目的在於累積更多的財富以獲取更高的安全感

與榮耀感，並且可以傳承給後代，而後代之後還會有其後後代，對每一世代來講，都還是會持續累積財富持續傳承。雖然只是少數人有能力可以無止境的持續累積財富，但由此就會有很多財富被囤積起來，沒有進入實體經濟內流動。現代總體經濟的動態模型中，主要以利率及時間偏好率來決定代表性個人的最適消費選擇，但卻忽略對極富有的人來講，時間偏好率可能趨近於零甚至小於零，其新增的大部分財富可能極長期都不會用於消費，雖然只是一小部分人可以達到這種境界，但是其造成的影響就是一定會有一部分的財富被長久囤積，長期未用於消費，這一部分久未用於消費的財富就會使數理模型的估算產生一些差誤。

2-3 索羅成長模型的問題分析

　　索羅成長模型的架構是現代經濟成長理論的基礎。因為索羅成長模型的推論與史實發展有一些明顯不契合的地方，因此後續發展的內生成長模型在其理論架構的基礎上，增添更多影響經濟成長的因子，並將其設定為會與經濟成長交互影響互相拉抬的內生變數，而推導出與現實世界持續成長的史實現象較相符合的結論。但仔細分析後可以發現，索羅成長模型與真實世界不契合的最關鍵原因並不在於變數考量的不週全，而在於其假設前提與真實世界的實際現象不相符，不相符之處有三點，一是將資本邊際效率遞減的生產函數從個體推論到總體所產生的誤差；二是對儲蓄等於投資這個概念的混淆；三是只考量供給面生產能力對經濟發展的影響，未考量需求面產能利用率的影響。

索羅成長模型基本原理簡述

　　索羅成長模型的基本精神是在分析儲蓄行為與總產出、資本存量的長期均衡關係，並以該關係說明技術進步、人口增長、儲蓄率變化對長期經濟成長的影響（註：限於篇幅無法完

整詳述該模型全部理論架構，因此假設讀者已熟悉該模型的完整理論，無此背景的讀者本節可以略過，不影響全書連貫性）。該模型引用規模報酬固定的生產函數 Y = f(K,N) 做為資本存量與總產出之間的關係設定，如果勞動人口固定的話，該函數會是一個資本邊際效率遞減的增函數，也就是說資本的增加會帶動產出的增加，但是資本的存量越來越大時，相同幅度的資本增加量所能影響的產出增加量會越來越小。每期產出的一部分會用於投資，模型假設用於投資的數量是總產出的一個固定比率。當資本存量還很小時，資本的些微增加可以造成產出比較大幅度的增長，此時資本存量小所以資本的折舊也會很小，總產出中固定比率用於投資的部分會超過現有資本存量的折舊，所以資本可以獲得正增長，資本存量增加可使下期的總產出與投資數額隨之成長，因此又可以有更多的投資繼續累積資本存量。如此持續下去當投資量大於折舊量時，產出與資本存量都會持續的增長，產出固定比率的投資量與資本總額的折舊量也同樣會持續增長，其中投資與產出的增長會隨資本存量的規模越大，其增長的幅度會越小，而折舊的增長則是會與資本呈等比例的變動，因此投資與折舊的差額會逐漸縮小，當最後收斂到兩者相等時，其後的每期資本存量、產出就不會再變動，進入恆定狀態。產出及資本存量再更長期的變動就只受到技術進步、人口增長、儲蓄率改變等因素的影響。

資本邊際效率遞減函數在總體經濟活動中不一定適用

在這個模型中引用的資本邊際效率遞減的生產函數看似合理，但其實存在有一些爭議值得探討。對個別廠商來講，購買設備並僱用員工進行生產活動，其所購買的設備與所僱用的

員工等這些生產要素，會有邊際效率遞減的狀況是一個合理的現象，但是若放大到整個經濟體來看，機器設備的生產力是人工的千百倍，且經濟體中人口眾多，資本存量相對勞動數量來講可說非常稀少，因此會使資本邊際效率遞減的作用幾乎不存在。以更具體實際的現象來說，現實世界總是存在一定程度的失業率，廠商投資了設備需要僱請員工時都一定可以僱請得到，總有足夠的人力使設備發揮最大的產能，因此不會有邊際效率遞減的現象。也就不會因此產生投資量與折舊量差距收斂的問題，只要經濟有持續成長的動力，廠商的投資就會超過折舊，使資本存量與經濟產出一起成長。

在內生成長模型中，為了修正資本邊際效率遞減所產生資本存量與產出會收斂到恆定狀態的問題，而將研發、人力資本等變因也放到生產函數中，並且設定這些變因同時也受產出的影響，會隨產出的增長而增長。使生產函數成為規模報酬遞增的函數，資本邊際效率也不會遞減，從而消除了投資與折舊產生收斂的問題，使模型結論可以看到持續的成長，但真實現象似乎沒那麼複雜。

消費者的儲蓄行為不會成為資本的累積

對「儲蓄等於投資」這個概念的誤解是索羅成長模型的另一個問題，該模型認定儲蓄等於投資，前者是總產出的一部分，即總產出未用於消費的部分；後者是資本存量的毛增長額，扣減折舊後就成為資本存量的淨增長額，因此模型以儲蓄率 s 定義消費決策：C =（1-s）f(K,N)，由此推導出均衡時的收斂條件為：sf(K*,N) =（n+ δ）K*，並以消費者的儲蓄決策來解釋其與各經濟變數間的關係，認為個人儲蓄率越高，長期經濟成長可以達到

越高的水準。前述這個結論就與其他經濟理論產生了一些看法相衝突之處，例如根據凱因斯學派中「節儉的矛盾」理論，如果人們想要多儲蓄時，他們的所得卻反而會因此而下降，以致儲蓄水準不會有實質增加，如此一來又如何能達成長期更高的產出水準；又例如每當有經濟危機發生時，政府就會鼓勵大家多消費以挽救經濟，這也跟累積儲蓄可以促進長期發展的成長理論相互衝突。也就是說用消費者的儲蓄率來解釋長期的成長水準會出現儲蓄對短期不利但對長期有利這種觀念的矛盾。會產生這種現象的原因主要就是因為對「儲蓄等於投資」這一概念的誤解。

在本章附錄 2-1 中有提到，貨幣儲蓄並不會等於商品投資，消費者的貨幣儲蓄跟資本財的產銷數量並沒有直接的數理關連，消費者減少消費增加儲蓄的行為，並不會成為實體資本的累積。另外，經濟體內貨幣數量是固定的，不論是消費財的產銷活動或資本財的產銷活動，貨幣只有流動沒有增減，因此對整個經濟體來講不會有貨幣儲蓄，消費者減少消費增加儲蓄的行為，並不會對貨幣淨額產生改變，也不會成為貨幣資本的累積。消費者的儲蓄行為只會降低總需求，不論從實體面或貨幣面看，都不會成為資本的累積。儲蓄之所以等於投資是因為兩者指的是同一件事情，都是指經濟體中對資本財的購買，因此在 $C = (1-s)f(K,N)$ 這個關係式裏的 s 其本質就是投資率，是整個經濟體對資本財購買占總產出的比率，而非經濟體個別成員貨幣儲蓄總和占總產出的比率，其數量多寡是由廠商的投資決策決定，而非由消費者的消費決策或儲蓄決策決定，也跟家計部門的貨幣儲蓄數量無關。消費者的消費行為與廠商的投資行為是兩個不同成員各自獨立所做的不同決策。因此若以消費

者的消費行為代替廠商的投資行為，而認為個人儲蓄會成為實體資本累積並進而會推動經濟成長，應屬一種錯誤的推論。

現代成長理論普遍忽略有效需求對經濟成長的影響

索羅成長模型另一個值得探討的問題是該模型只考量供給面的最大產能變動對經濟成長的影響，未考量到需求面產能利用率變動對經濟成長的影響，這個問題也普遍存在於其他的內生成長模型。以生產函數 $Y = Zf(K,N)$ 為例，在既定的 Z（技術能力或其他外部影響因素）、K（資本）、N（勞動）下，可以生產 Y 數量的商品，但並不代表經濟體有 Z、K、N 的存量時，就會生產 $Zf(K,N)$ 數量的商品，此時 $Zf(K,N)$ 只是最大可能產量，比較合理的實質產出應該是 $Y = C^d + I^d$，也就是說經濟體內有多少商品需求才會生產那麼多的商品。商品需求通常會低於最大產能，雖偶爾會有短期商品供不應求的情形，在廠商競逐利潤的作用下，產能的調整必然都可以很快就會達到足供旺盛需求所需要的產能。最大產能與實際需求總是會存在一些差距，當這個差距很大時，廠商產能利用率較低，此時廠商會因為虧損或無利可圖而減少投資，資本存量及經濟產出都會停滯或衰退；當實際需求量逼近最大產能時，廠商除了盡量生產可以滿足需求的商品外，因為獲利豐厚還會大幅增加投資，形成資本存量的增長，提供更高的產能空間，當需求再繼續提高時，經濟就可以再繼續成長。所以經濟長期成長的關鍵因素應該還要包括如何於產能提高的同時，維持需求也能同步的增長，使產能可充分發揮，如此廠商才會有意願再繼續投資，資本存量與實質產出也才會再繼續成長，這一點是現代成長理論都沒有考量到的重要因素。

2-4 少數學者對財富集中與經濟發展相關性看法

　　近年來因為長期的經濟不穩定與發展遲滯，漸漸的有一些學者注意到分配不均與經濟不穩定的關係，發現分配過度不均可能會傷害到經濟體系的穩定性，也不利於經濟成長。對這一方面主張比較知名的有約瑟夫・史迪格里茲（Joseph E.Stiglitz）、拉古拉姆・拉詹（Raghuram G. Rajan）、保羅・克魯曼（Paul Krugman）、拉斐・巴特拉（Ravi Batra）等人，在他們的相關著作中都有提到分配不均對經濟發展的負面影響，不過他們在分析分配不均對經濟發展的影響時，所闡述的影響機制則有些不同。

史迪格里茲觀點

　　史迪格里茲為 2001 年諾貝爾經濟學獎得主，在其著作《不公平的代價》一書中，提到分配不均對經濟的穩定發展有相當多方面的負面影響，2008 年的金融海嘯與 1930 年代經濟大蕭條爆發前都見到分配不均大幅升高，並非偶然。他認為錢從底層移向頂層，會減低消費，因為所得較高的人和所得較低的人比起來，消費佔所得的比率較低。當前總體需求的不足，主

要可歸因於分配的極端不均。小布希政府時代，政府為應對分配不均造成的需求不振，是用利率政策刺激投資及消費，如此卻反而促使泡沫脹大和更高的分配不均。家庭以舉債這種無法持久的方式消費，當泡沫爆破，就會帶來衰退。另外分配不均也會提高風險，於是企業就會減少投資，經濟成長就會降低。分配不均有錢人力量加大，有錢人再利用政治力量對其控制的企業給予不合理的利益，又會造成更多的收入掉進少數人的口袋。減稅對經濟的刺激有限，因為富人會將很大一部分所得存起來，無法增加投資，只是讓富人安全的存下更多錢，留給子孫花用。企業尋租本身帶來資源浪費降低國家生產力，扭曲了資源的配置，特別是人才的配置錯誤，使得經濟變得更孱弱，例如很多一流人才選擇金融業，但許多的金融創新都是設計來規避政府管理，完全比不上實質的創新。高度分配不均也會使經濟無效率和生產力低落，因為當勞工覺得受到不公平對待時，就很難被激勵，高階主管一方面施行裁員減薪政策，卻同時提高自己的待遇，這會影響勞工對工作的付出、對公司的忠誠、團隊合作的態度等，而嚴重影響生產力。不合理的薪資結構也讓社會付出昂貴成本，金融業天價的獎勵薪資使銀行家因此而有誘因去追逐過高的風險，順利時銀行家可以抱著高額利潤回家，投資不順的時候便將虧損留給股東去扛，萬一無法支撐時，爛攤子就都留給債券持有人和納稅人。總之，分配不均正使經濟受到愈來愈大的傷害，包括生產力降低、效率降低、成長降低、不穩定升高等。

拉詹與克魯曼觀點

　　曾任國際貨幣基金組織首席經濟學家、印度儲備銀行總裁

的拉詹，在其《金融斷層線》一書中解釋分配不均與 2008 年金融海嘯的關係。他認為分配不均造成社會不安定，為了舒緩民眾對貧富差距擴大的不滿，政治人物在課稅和所得重分配的政策上又無法取得共識，因而只能藉由推動放寬信用，以較小的阻力來改善選民的生活。美國的所得日益不均，為了讓中下階級家庭消費趕上別人而扭曲金融業的貸款，政府向金融機構施壓，要他們支持低所得者貸款，但是信用過度擴張卻也為經濟體埋下不安定的因子。太多家庭本來沒有能力借錢，卻被引誘借錢買屋，這種靠大量舉債而來的成長不可能持久，等到房價停止上漲違約案大量湧出，次貸危機與金融海嘯就此引爆。

2008 年諾貝爾經濟學獎得主克魯曼也有類似看法，他認為所得不均使富人花費越來越多，其他人為了攀比因此也提高了支出，造成社會底層背負更多的債務，當景氣反轉，借款人被迫去槓桿化必須減少消費，但債權人並不會增加支出，結果就是經濟蕭條，這是導致金融危機的重要原因。他也認為富人逐漸增強的影響力，去除了很多金融管制，以及產生很多向富人傾斜的政策，形成金融災難的源頭。但他並不認為富人所得比例提高讓中產階級購買力縮減是金融災難的主因，所得不均導致過多的負債才是。這一點與史迪格里茲的看法略有不同。

巴特拉觀點

美國經濟學者巴特拉著有多本暢銷財經書籍，他在《葛林斯班的騙局》一書中對工資缺口與股市泡沫的關係有詳細闡述。他認為在產銷平衡充分就業的環境中，當生產力與工資能同比率成長時，則供需自動維持平衡不會有生產過剩的情形，但如果工資落後生產力則消費力不足以去化產能，在其他條件

不變情況下，一定會使失業率增高。此時政治人物通常以擴張的財政和貨幣政策因應，以消費者、政府和企業的借款填補工資落後生產力的需求缺口。增加舉債以維持供需均衡後，因為工資落後生產力，企業獲利將可大幅成長，股市也會跟著急遽上升。當工資落後生產力一段時間，負債不斷增加，股價也不斷上漲。但負債不可能無止境上漲，當負債無法再成長，需求落後產出時，就會導致獲利衰退與股市崩盤。他以統計資料說明，美國 1960 到 1980 年間工資缺口與負債都保持穩定，1980 年之後開始擴大增加，2000 年科技泡沫，正是日益擴大的工資缺口與負債所造成。

分配議題尚未獲得廣泛重視

儘管有一些專家學者注意到分配不均與經濟不穩定的關係，這項議題也逐漸受到一些國際經濟機構重視。但是大多數學者並不在意這些看法，他們堅持效率才是發展經濟最重要的動力，只要經濟成長，水漲船高大家都能受益，他們認為利潤誘因是發揮效率的最重要因素，分配不均是不可避免的結果，是經濟成長的必要之惡。相較之下，主張分配不均會導致經濟不穩定的學者仍屬少數，因此這樣的主張也尚無法成為學界的主流觀點。

第三章 財富的各種觀念釐清

3-1 貨幣財富的本質

　　經濟發展創造了財富的增長,財富的累積也同時影響經濟的成長,經濟發展與財富變動兩者息息相關。雖然資本累積常被認為是推動經濟成長的重大力量,但有時人們對財富的儲蓄行為卻又反而會變成是經濟發展的阻礙,形成節儉悖論這種矛盾難解現象。為了釐清財富變動對經濟發展的真正影響,在分析經濟發展原理之前,有必要先對財富的相關觀念做更深入的探討。

　　經濟成長所呈現的最主要成果是消費及財富的增長,財富增長有實物面的增長以及貨幣面的增長,實物面增長指實體財富及實質消費的增長,如房屋建築、機器設備等資本財累積,或如手機、服飾等消費財增加,又如觀光產業提供更多休閒旅遊活動也算是實質消費增長的一種。貨幣面財富增長指民眾收入增加以及存款儲蓄的累積。經濟產銷活動過程中,經濟體所有實物產出的一部分用於消費,另一部分供做投資,供做投資的部分就成為這個經濟體實物面財富的累積。經濟產銷活動過程中,每個人的貨幣收入有些用於消費、有些用於購買實物資產、有些用於購買金融資產、有些直接保留為現金儲蓄。個人

的收入除用於消費之外，用於購買實物資產、金融資產與現金儲蓄部分就成為個人財富的累積。其中因為金融資產都是由實物資產與貨幣資產的債權所組合而成，例如股票是代表對公司實物資產與貨幣資產的持有憑證，任何金融資產都可分拆出歸屬於實物債權部分與貨幣債權部分，因此個人財富可再簡化歸併為實物財富與貨幣財富兩大類。

　　雖然個人所擁有的財富有實物財富，也有貨幣財富，但是對整個經濟體來講，就只會有實物面財富，不會有貨幣面財富。因為在封閉經濟體中，貨幣只是一項符號，這項符號可以用傳統鈔幣上所記載的數字表示，也可以用銀行電腦系統裡的電磁紀錄來呈現。早期的商品貨幣或代用貨幣還具有商品價值，但是現代的信用貨幣已經只具有符號的意義。符號的製作權專屬於各國的中央銀行，為了控制經濟穩定運行，央行通常會謹慎行使這些權利，會謹慎控制貨幣數量，央行所發行的貨幣在經濟體成員之間流動移轉，每個人所持有的貨幣數量就是他對經濟體其他成員商品勞務的可請求數量。

　　貨幣符號主要功能在於作為交換媒介，因為貨幣具有交換價值，自然引發人們儲藏累積的意願，因此貨幣還被認為有價值儲藏與計價單位的功能，其中價值儲藏功能更貼切的說法應該稱為價值記載功能，因為經濟體是以每個人所持有的貨幣數量記載其對經濟體其他成員商品勞務的可請求數量，貨幣的移轉代表記載內容的更動，物價漲跌、幣值升貶也都是記載內容的實質變動。對整個經濟體來講，貨幣符號並不具有任何的價值，整個經濟體中不論貨幣數量如何，真正可供消費使用或生產使用的實物商品不會改變，富人儲藏累積再多貨幣也不代表經濟體中有對等增加相同數量的實物商品。貨幣持有量只是記

載著持有者可與他人交換的實物商品數量，其可交換的商品數量是大眾信心所賦予，並不是以貨幣符號本身所具有的真正價值作基礎。

　　農業社會時代，貨幣的出現大幅增加了交換便利性，此時貨幣可說是經濟活動的潤滑劑。進到工業時代之後，資本家因為對貨幣的追求而致力於產業發展，並進而促進了經濟成長，因此貨幣又成為推動經濟成長的動力能源，不論貨幣的角色是潤滑劑或動力能源，貨幣的本質就是一項符號，就是一種工具。對整個經濟體來講，經濟發展創造實物財富也創造貨幣，所創造的實物財富可供消費使用及生產使用，是實質財富，所創造的貨幣是持有者對他人商品勞務的請求權憑證，可以成為個人財富，但是並無法成為經濟體的財富。為了對這些論點提供更有力的證據支持，下一節中將對現代貨幣機制作進一步分析說明。

3-2 現代貨幣機制分析

　　貨幣是一種特殊的財富形式，具有交易媒介，價值儲藏，與計價單位等多重功能，當貨幣的演變從商品貨幣演進到信用貨幣後，其本質就是一項憑空創造出來的符號工具，以現代貨幣發行與創造機制來看，更可體現這種符號本質。

基礎貨幣發行機制

　　貨幣發行是各國央行的專屬權責，由央行所發行的基礎貨幣以現鈔通貨及銀行準備金存款兩種形式存在，現鈔通貨的釋出時機是當經濟規模擴張、現鈔流通需求增加、銀行庫存現金不敷民眾需求時，由銀行以其存放於央行的準備金存款向央行提領現鈔轉供一般民眾領用，以此種方式將準備金貨幣轉換為現鈔貨幣供應經濟體現鈔需求，現鈔貨幣發行通常不會影響基礎貨幣總量。

　　基礎貨幣的擴張發行通常都是由央行向銀行購買金融資產，央行再將憑空創造的貨幣款項存到該銀行準備金帳戶上，以此方式創造出一筆基礎貨幣釋放到金融體系中。在美國聯邦

準備銀行是以購買債券（包括政府公債及不動產抵押債券等）的方式進行，銀行依規定在聯準銀設有存款準備金帳戶，並必須提存規定金額以上的存款準備金。當聯準銀想釋出貨幣時，會進行公開市場操作向銀行購買債券，當聯準銀購買債券時，就會無中生有直接增加銀行所開立準備金帳戶的金額，讓銀行準備金帳戶內的存款增加，同時聯準銀就向銀行取得一筆債券。假設某銀行在聯準銀的帳戶裏有 100 億元，當該銀行賣 20 億元的債券給聯準銀，聯準銀就會憑空把該銀行的準備金帳戶由 100 億元增加到 120 億元。然後，銀行把債券轉給聯準銀，聯準銀就擁有 20 億元債券。該銀行準備金帳戶增加的 20 億元就是新發行貨幣，聯準銀持有的債券可視為貨幣發行準備，20 億元就這麼創造出來了。當銀行在聯準銀帳戶存款準備金增加，它就增加可向大眾貸放款項的額度，當它把錢貸放出去時，就成為實質使用中的現金。所以，聯準銀雖然沒有印製實體的貨幣，它卻是用記帳的方式創造貨幣，藉以增加經濟體中的貨幣供給。臺灣則主要以購買外匯或收回可轉讓定存單的方式進行，因為長年的貿易順差，央行收受購買民間匯入的外匯，自然釋出大量的基礎貨幣，當貨幣數量過多時，央行會發行可轉讓定存單收回一些貨幣，當有貨幣需求時再收回可轉讓定存單，同時釋出貨幣，以可轉讓定存單的發行與收回來控制貨幣的鬆緊。

公共債務貨幣化機制

　　前述美國聯準銀以新發行貨幣購買公債的操作方式就是典型公共債務貨幣化的過程。聯準銀以新發行的貨幣購進政府債券後，每期由財政部門支付給聯準銀的債息，會成為聯準銀的

盈餘再解繳回財政部門，等於這些債券已不用利息成本；再者，公債到期後，財政部門又總是不斷的發行新債以償還舊債，而聯準銀所收到的還款也同樣會再度到市場購入另一筆債券以維持資產負債規模不變，這相同的模式持續操作，可無限期展延，讓財政部門可以永遠不必清償這些債務，就等於是聯準銀印鈔票來償還當初財政部門所舉借的債券欠款。財政部門消除了這些債務負擔後就又取得了更大舉債空間，可以再繼續發行新債以充作政府財政來源之一。就政府一體的角度來看，這些措施實質上就是政府以印鈔的方式充作財政收入，這種公共債務貨幣化的過程，可說是政府課徵鑄幣稅的一種方式。

聯準銀的資產結構中另一個主要成份是不動產抵押貸款債券（MBS），這些民間債權，表面上雖與財政部門無關，但仍可視為是「聯準銀印鈔給財政部門使用」的間接模式，因為美國聯邦政府的公債餘額遠大於聯準銀基礎貨幣發行額，聯邦政府將公債賣給民間，民間又發行債券賣給聯準銀，這些債券由財政部門支付利息給民間、民間再支付利息給聯準銀、聯準銀又將盈餘解繳回國庫，等於這部分的政府公債也是不用利息成本；再者，各項債券到期後，也都是不斷發行新債以償還舊債，而聯準銀持有到期還款的債券結清後，也同樣會再度到市場購入另一筆同類債券以維持資產負債規模不變，相同的模式持續操作，也一樣可無限期展延，這些以民間債權為準備所發行的貨幣，實質上仍是債務貨幣化的一種形式。

貨幣發行準備的本質

自從 1971 年美國中止美元與黃金的兌換承諾，布列敦森林體系崩解，美元的發行即有如脫韁野馬，不再受黃金準備及

其他實體資產的束縛。時至今日，美元本身已幾乎沒有實質的發行準備。根據美國聯邦儲備銀行 2017 年 12 月的資產負債表，聯準銀的資產中黃金與對外國資產的合計佔比不到百分之一，百分之九十九是由美國政府公債以及不動產抵押貸款債券（MBS）所組成，也就是說，美元的發行幾乎完全以美國政府債權及境內銀行債權為發行準備，如前段所述就是對政府已存在債務的貨幣化，這是一個不折不扣純粹建立在信任基礎上的符號貨幣。

美國之外，其他全球各地區國家的貨幣發行準備除了由本國政府債權及本國民間債權組成外，另一個更重要的成份是外匯存底，黃金仍然只佔極少量的成份。目前全球各國外匯存底有超過六成是美國公債或美元貨幣資產，這些對美國政府的債權，雖可視為穩健充足的貨幣發行準備，但若以全球一體的角度看，在全世界這個大經濟體內，某些國家所持有另外一些國家的發行貨幣（如各國政府所持有的美元外匯存底）仍然一樣是被憑空創造出來的符號。政府所發行的基礎貨幣實質上就是全球各政府的負債，因為他們主要都是以對本國政府、美國政府或他國政府的債權為發行準備。各國政府舉借的這些債務早已將之使用於各項公共支出之中，並無任何的實物供做擔保，表面上看政府應該會以日後課稅收入償還這些債務。但實質上現代政府的普遍現象是從來不打算真正還清這些負債，而只是將債務規模控制在占 GDP 一定的比例之下為其財政紀律標準，甚且還經常調高舉債上限。因此，這些以對政府債權為準備所發行的貨幣，本質上就是政府的債務，而不是經濟體創造出來的財富，不論貨幣發行如何成長，整個經濟體的財富都不會因此有所增長。

存款貨幣創造

　　基礎貨幣是由央行發行，至於隨時可提領、轉帳支付使用的存款貨幣則是由銀行體系的運作機制所擴張創造。銀行做為金融仲介機構，主要業務為吸收存款，然後放貸給資金需求者，當存戶將貨幣存進銀行，銀行再轉手貸放給借款者，借款者取得的資金在經過使用後，此筆資金的收受者也同樣會將資金再存進銀行，此時所有存戶就會有將近原始基礎貨幣兩倍的存款餘額存放於銀行帳上，而銀行收取後者的存款後又可以再繼續的貸出，如此經過多輪的借貸循環，基礎貨幣發行的 10 萬元，很有可能衍生出金融機構中的 100 萬元存款，其中 90 萬元就是由經濟體其他成員透過負債所創造出來的。

　　觀察貨幣數量變化有一個重要指標就是貨幣供給量，這是為了觀測經濟活動狀況、調控貨幣政策，對各類貨幣數量所做的統計分析，做為國家制定經濟政策的一個重要依據。貨幣數量的統計通常依流動性分為狹義貨幣供給量 M1 及廣義貨幣供給量 M2，兩者的定義各國的包含範圍有些差異，大致上 M1 的內容包括流通中通貨、支票存款、活期存款、活期儲蓄存款等可以立即支付或可以隨時提取、轉帳支付、簽發支票而進入流通的現鈔與存款，M2 的內容則包括所有 M1 再加上定期性存款、外匯存款等不能直接轉帳提領的存款（稱為準貨幣）。活期性存款與定期性存款在期限或流動性上或有不同，但是其價值儲藏的功能則是完全一致，因此在分析財富累積、分配等變動與經濟發展的關聯性時，含括所有存款在內的廣義貨幣供給量 M2 會比狹義貨幣供給量 M1 更具代表性。

貨幣供給量的成長

　　貨幣的變動與經濟活動有密切關係，例如當房地產建築開發商新建完成一批房屋並銷售給購屋者，購屋者的資金不足而向銀行貸款做為購屋價款的一部分支付給建商時，如果建商收到這些貸款而來的購屋價款之後又把這些資金回存到銀行體系，此時銀行體系就會增加這樣一筆存款餘額，不論建商將資金存在銀行或將存款領回以現鈔的形式存在，表現在貨幣指標上的就是廣義貨幣供給量 M2 的成長。這一筆增加的貨幣供給量可說是用前述購屋者的貸款所創造的。前例中，建商售屋所收取的資金是直接存入銀行，他也有可能分配給股東、購買其他理財商品或繼續投入實體投資以擴大營運規模。除了清償借款外，不論資金如何使用，一定會有一個最後資金的收受者來持有這些資金，使得貨幣供給量必然相應於貸款者負債的增加而隨之增加。民眾向銀行貸款也需要還款，當民眾以其存款償還向銀行的借款時，債務規模收縮，同時經濟體也減少一筆存款，所以 M2 也會減少。貨幣供給量 M2 在借貸規模擴張時會成長，在借貸規模收縮時會回跌，而經濟發展的過程中隨著經著經濟規模的擴張，借貸規模也會擴張，貨幣供給量 M2 也會一起成長。例如政府部門發行公債時，這些債券大部分由金融機構取得，政府以公債做為借款憑證向銀行取得資金，這些資金再回存銀行流通使用，會有 M2 成長的效果。當企業營運規模擴大，以借貸籌資增貸更多的資金投資或週轉使用時，會產生 M2 成長的效果；一般民眾所得提高，信貸能力增加，以更高的槓桿融資進行消費或投資時，也會產生 M2 成長的效果；通貨膨脹作用使名目資金需求增加時也都會使 M2 有成長的效果。只是同樣的，這些存款貨幣，本質上就是經濟體其他成員的債務，而不是經濟體創造出來的財富，不論銀行體系的存款數量如何增長，經濟體的整體財富都不會因之增長。

政府部門的資金調控

　　政府部門對經濟體的資金調控有兩種方式，一是由央行機構釋出基礎貨幣到金融體系做為貨幣供給總量擴張的基礎，一是由財政部門舉債支出將存款貨幣注入到經濟體中，兩者性質有一些差異，但其本質都是政府的負債，財政部門舉債是財政部門的負債，基礎貨幣則是央行的負債。雖然政府公債有還本期限，但通常債券到期後財政部門總是持續以發行新債償還舊債方式將債務展期。政府發行公債以債務憑證換取資金，承購者支付現金取得公債憑證後，可以定期收取債息，日後也可以隨時將公債賣出收回本金，這一筆公債可以在經濟體中流動移轉，成為民眾或企業資產的一種形式，也可以說，政府以本身的債務在經濟體中創造了一項有價證券財富。

　　政府向銀行舉債時，會同時將借得的資金先存放在銀行，因此銀行體系會新增一筆貨幣供給。政府若發行公債向一般企業或個人籌資，則公債購買者會增加一筆對政府債權，然後將其資金移轉到政府的帳戶上，銀行體系的總貨幣數量沒有改變，雖然有時銀行體系的貨幣供給沒有增加，但是當政府將借貸的資金以公共建設、移轉支付等方式移轉到民間時，有一大部分會流進儲蓄較少的一般民眾帳戶裏，他們比較會將這些貨幣用於消費。也就是說，政府舉借公債不論對銀行體系的貨幣數量有無影響，政府以公債憑證交換高資產族群的貨幣，再將這些貨幣移轉給低資產族群，就可以使原先積滯在高資產族群帳戶裡的貨幣重新再進入實體經濟中流通使用，從而提高經濟活絡性。

貨幣與公債的膨脹成就民間財富的增長

　　在一些以政府公債做發行準備的國家，公債一旦由央行購入，則這些債務就由財政部門的有息負債轉成央行機構的無息貨幣；美國聯準會 2017 年開始施行的縮表政策，釋出持有的公債將金融海嘯後所過量發行的基礎貨幣收回，這則是將央行機構的無息貨幣再轉換成財政部門的有息負債的操作。由這些操作可以看出公債與貨幣的轉換，只是一個非常簡單的程序。對持有者來講，公債雖然沒有交易媒介功能，但是有價值儲藏功能，從價值儲藏的角度來看，公債與貨幣具有完全相同的價值，且以現代金融交易機制之發達，公債具有的高度流動性，當有資金交易需求時，持有者也都能快速將公債轉換為等值貨幣。因此如果說基礎貨幣是央行的無息負債，那麼公共債務也可看作是政府發行的有息貨幣。基礎貨幣是大眾手中的現鈔及銀行存放在央行的準備金存款，公共債務則是大眾手中的公債憑證及銀行對政府的各項債權，性質在某種程度上是相類似的。在經濟發展的過程中，民間財富會不斷增長，但是經濟體的整體貨幣財富並不會變動，都只是由政府部門配合釋出基礎貨幣及赤字預算舉債支出，才能因應民間貨幣財富的持續累積。貨幣是央行負債所創造的民間財富，公債是財政部門負債所創造的民間財富，其本質都是以公共債務的膨脹成就民間財富的增長。其中央行發行貨幣時，民間貨幣數量會增加，但民間的財富總量不會改變，因為央行必須購入民間資產作為發行準備。財政部門舉債支出時，民間貨幣數量不會改變，但民間的金融財富會因政府資金的流入而增長。

3-3 財富創造與財富集中

　　財富的變動與經濟發展有著緊密的相互連動影響關係。其中財富變動可分為數量的變動以及分配的變動兩種情形，在經濟發展過程中，因為生產消費活動的進行，有些財富會被創造也有些財富會被消耗，這是數量變動；在經濟發展過程中，因為交易活動的進行很多財富會移轉流動，這是分配變動。在很多時候人們常將分配的變動誤認為是數量的變動，將財富的集中誤認為是財富的增長。工業革命以來，受益於生產力提高，除了經濟產出不斷成長而大幅提高人民生活水準外，也造就一批又一批的富豪，聚積數目龐大的個人及企業資產，這些富豪的資產除少數是經由金融操作與土地囤積所獲取的之外，大部分富豪都是經由企業的成功經營與擴展而致富的。企業經營可以創造豐厚的利潤，經由利潤的累積與再投資，資本家的財富因而得以不斷增長。表面上看，這些增長的財富是企業生產活動所創造出來，但細究之下當可發現，這些企業所產生的利潤與所累積的財富其實大部分都是由經濟體其他成員的既有財富移轉而來。

企業經營利潤來源分析

迪士尼公司經營娛樂產業，一個遊樂場蓋好之後，每期的營運只能為消費者帶來效用，不能給消費者增加財富，其向遊客所收取的門票收入扣除各項成本及攤提後的剩餘，可以成為企業的利潤，迪士尼可以將這些利潤分配給股東，也可累積這些利潤續繼擴大規模。付費進場遊客除了當下的效用外，無法有任何財富留存，其所支付的門票費用完全轉移成企業及上游廠商的經營要素報酬：員工薪資、土地租金、資本利息及經營利潤等。所有要素報酬都是從遊客的門票費用移轉而來，所以不論迪士尼公司經營多麼成功，不論其利潤累積或規模擴張多麼快速，對整個經濟體來講都只是從遊客轉移到企業的財富重分配，而不是財富的創造。

蘋果手機公司設計功能強大、使用貼心的手機產品，委託製造後銷售給消費者，創造消費者美好的使用體驗，也創造本身及上游廠商龐大的利潤，但是這些兩年一換、三年一換的手機幾年過後不但不再是財富，甚至成為環保的負擔，這些手機無法成為購買者的財富，消費者支付的手機費用完全轉移為蘋果公司及上游廠商的經營要素報酬，不論蘋果公司經營多麼成功，不論利潤累積或規模擴張多麼快速，對整個經濟體來講都只是從顧客轉移到企業的財富重分配，而不是財富的創造。

波音公司製造飛機銷售給各航空公司，航空公司支付現金以取得飛機做為生利資產，飛機的使用壽命較長，可達數十年，但數十年後終歸要報廢，無法成為恆久性資產。航空公司必須善用這些資產，努力經營從機票收入中來攤提購機的折舊成本，如有剩餘才能成為航空公司的利潤，乘客的購票費用要先填補航空公司已事先付給波音公司的要素報酬，如有剩餘才

能成為航空公司的要素報酬，波音這種製造資本財的公司所產生的利潤大部分也不是創造出來的，而是間接透過航空公司乘客的財富移轉而來。經營服務設備資本財（如交通設備、醫療器材等）的企業如此，經營生產設備資本財（如紡織機械、半導體設備等）的企業也是如此，對整個經濟體來講，各類機器設備製造的經營利潤，也大多不是創造出來，而是間接透過終端商品（機器設備所生產的商品）購買者的財富移轉所累積而來。

可實質創造財富的產業

建築產業企業經營所產生之利潤可以稱之為創造出來的新財富。建築業者投入資金購買生產要素建造房屋，房屋興建完成後企業的貨幣財富轉換成該房產財富，並且房產財富的價值會比企業投入資金的數額還高，差額的部分就是利潤。企業所投入的資金會以工資、租金、利息等形式流入其他生產要素提供者，繼續在經濟體中流動，沒有消失。企業將建造完成的房產出售可收回本金並實現利潤。購屋者以自有或借貸資金向建築業者購買房產，雖然他將資金移轉給建築業者，但是所購買的房產除了居住或收租使用外，同時也可以做為價值的儲藏，當房屋持有者需要資金時可以將房屋出售而再度轉換為現金財富，因此這間房產可視為一項被創造出來的財富。不管經濟有沒有成長，這類型的財富可以持續創造累積。

機器設備等資本財產業的利潤主要是由終端消費者的財富移轉所累積而來，在有些時候也可視為是一類可以創造新財富的產業。企業營運所購置的機器設備是企業資產的一部分，機器設備會折舊耗損，價值會逐漸降低，成功的企業在經營過程會從產品的銷售中以現金回收機器設備所降低的價值，並且還

能產生利潤，景氣熱絡銷售暢旺時，企業除了將回收的本金繼續投入折舊補充的投資外，還會將利潤也一併投入設備的新增投資以擴張產能壯大規模，當其投資數量超過折舊耗損時，設備資產會有所累積增長。設備供應商投入資金購買生產要素，製造機器設備出售給下游業者，購買機器設備的企業以現金交換取得這些設備，經營順利的話可以在未來的產銷活動中收回本金獲取利潤，並且再繼續投資新增更多機器設備，當所新增的機器設備數量大於舊有設備折舊耗損時，其所增加的部分就是經濟體創造出來的新財富，投資數額扣除折舊後的差額，是這類財富的淨增長數額。

多數產業並無法創造財富

　　除了房屋建築、機器設備外，大部分產業的產銷活動並不會對經濟體有財富累積增長的效果。服務業如零售、餐飲、金融保險、運輸、觀光旅遊、住宿、廣告、仲介代理等，這些產業的經營在於提供消費者效用以獲取利潤，只能帶給消費者當下的效用並無法在經濟體中創造財富。不僅服務業不會創造新增財富，消費性商品產業同樣也不會創造新增財富，食品、服飾、醫藥、日用品等消費品大部分在週期內被消費耗用，無法成為財富的累積；手機、電腦、家電等耐久財產業所生產的商品雖然可以使用一段時間，但是甚少價值儲藏的功能，其產銷活動對經濟體財富增長的效果甚微，可以視為並沒有創造新財富。只有在住宅廠房等建築的興建或機器設備存量規模擴大時，實物財富會有一些增長，但這不是主要的方式，企業的利潤從集中而來的成份遠高於創造新增的成份。

資本家的財富增長主要來自財富集中，而非財富創造

　　企業的經營大都並沒有在經濟體中創造新增財富而還能產生利潤，因此這些利潤當然就是來自於消費者既有財富的轉移。當企業累積利潤而持續擴張規模時，代表經濟體內其他成員的財富會相對被縮減，當企業持有更多週轉金時代表經濟體其他成員必須釋出這些貨幣，當企業購併土地時代表經濟體其他成員必須轉讓減持這些土地。只有當企業興建廠房、購置設備時會創造新增一些財富，但這一部分財富的增長只佔全體財富增長的一小部分。

　　除了企業經營累積資本的過程會有財富集中現象外，資本家還能以地租、利息等類的所得累積財富，也會構成財富集中現象。資本家以其龐大的股權、債權與土地所有權獲取豐厚的股利、利息與地租，這些所得也都不是創造出來的財富，而是從經濟體其他成員手中移轉而來，資本家取得這些獲利可以以存款的方式持有，也可以轉換為股票、債券、不動產等形式持有，不論如何，資本家持續累積財富就代表經濟體其他成員在流失財富。資本家豐厚的所得也有一部分會做為其個人生活消費之用，如名車、豪宅、美食、華飾、玩樂、僱用幫傭保全等，這些消費支出可以將其所累積的財富再流回經濟體其他成員，但對大資本家而言這些消費支出都只佔其豐厚所得的一小部分而已，大部分的所得會成為其持續累積的財富。

信用擴張與財富集中

　　企業、資本家財富的持續累積大部分是集中而來，是由經濟體其他成員所移轉而來，很顯然的這種運作模式會有其極限，無法長久維持。但現實世界中呈現的，資本家的財富卻總是可以無限累積、企業的規模總是可以無限擴張，其原因乃在

於信用擴張所產生的效果，尤其是政府的信用擴張，可以提供源源不絕的資金供資本家持續不斷累積財富。

企業的生產有些可以創造實質財富，如房屋建築、機器設備等。建築業者購買生產要素建造房屋，建築業者的資金會流向要素提供者，沒有消失，建築業者興建完成的房產出售給消費者後可以收回本金及利潤，購屋者若用現金購買，則經濟體內資金總量不變。購屋者也可以用貸款購買，當購屋者向銀行借貸一筆款項撥轉到建築業者帳戶以支付購屋費用時，經濟內就會增加這一筆存款資金。對購屋者來講增加一筆貸款然後擁有一棟房產，總資產並沒有改變，而其貸款的動作就為經濟體新增了一筆存款財富，這筆財富此時流到建築業者手中。其他如車輛貸款、股票融資等活動也都會有為經濟體增加存款財富的效果，只是其佔比不高。企業建造廠房、購置機器設備、採購原物料等投資活動也會以貸款的資金進行，當企業以擴張信用增加投資時，除了同樣可以為經濟體增加存款財富外，企業投資經營成功的話，表現在股價上面的企業價值還會有更大幅度上漲，給股權持有者帶來財富增長的另一個效果。

公共債務與財富集中

因為信貸機制的運作，企業或資本家累積的財富可以比真實存量進一步擴張，但是抵押貸款必須有實物做基礎，信用貸款在銀行風險控管下其佔比更少，民間的信用擴張終究有其極限，因此企業或資本家之所以還可以無限擴張規模、累積財富，最主要是來自於政府部門舉借公共債務所釋出的資金。政府的舉債不用擔保、可以無限期轉期，只要民眾還信任政府，政府就可以持續舉債，源源不絕釋出資金。政府發行公債借取資金，對出借資金的債權人來說，這些資金是其儲蓄的財富，短期內

不會使用，因此原本不會進到實體經濟內流動使用，政府將這筆實體經濟外的資金借出後就會再以公共服務、移轉支付、公共建設等方式重新注入經濟體內，讓經濟活動的產銷循環可以持續順利運轉，也提供企業及資本家得以持續累積財富的資金來源。

政府部門擴張債務的效果

在經濟活動循環運轉的過程中，經濟會成長、企業規模會擴張、資本家的財富也會增長，三者是相互牽動互為因果的關係，三者也都同樣需要有公共資源的灌注才能夠有持續成長。在景氣熱絡時期經濟成長、消費暢旺、企業獲利攀升，資本家財富也可以快速增長，並且還會增強企業家持續投資的信心，企業再增加投資又可以再帶動經濟繼續成長以及資本家財富更快速增長。在景氣循環的衰退時期，經濟成長率、企業規模擴張、資本家財富增長三者都會同步放緩停滯甚或衰退，並且還會造成失業率攀高而影響一般民眾正常生活，這是政府必須處理解決的問題。面對衰退，經濟體很難靠自癒機制讓經濟自然回復活力，通常需要政府部門的寬鬆政策來提供經濟體能夠回復成長的動能。其中貨幣寬鬆政策是透過降低利率、降低存款準備率、釋出基礎貨幣等具體措施營造有利借貸的金融環境，鼓勵民間借貸、擴張信用來活絡經濟活動。只是民間的信用擴張有其極限，而且景氣低迷時期消費者對前景保守不太會因為低利率而增加消費，企業也因為無利可圖不太會因為低利率而增加投資，貨幣寬鬆政策對於刺激經濟回升的功用，有時有效、有時無效。在景氣持續低迷之時要提振活力促使經濟回復成長最主要還是要靠財政寬鬆政策。因為有了政府舉債的額外資金注入經濟體，經濟活動的產銷循環就可以持續順利運轉，信心

回復之下，經濟就可以回到成長軌道，而政府注入到經濟體的資金也成為資本家繼續累積財富的來源。

在一般的觀念裏，政府舉債只是一個暫時性措施，目的是在推動經濟有更大的成長之後，國民所得增加了，政府就可以有更多稅收來償還負債，但這只是一廂情願的想法或說法，政府舉債的資金流入經濟體後，在資本主義機制下，隨著經濟活動循環運轉的過程總還是會逐漸流入資本家手中，或許也會分潤到一般民眾身上，所以中產階級的儲蓄也會隨著經濟的成長而增長，只是其佔比較小。當政府舉債所釋放出來的資金最後還是由資本家及廣大中產階級所儲蓄囤積起來時，那麼就無法成為稅收流回政府手中來償還先前所舉借的負債。當新一波衰退再度發生時，政府只能在既有債務規模上，繼續舉借新增的債務，才能夠因應處理新一波的危機。因此現實世界中所看到的政府債務餘額總是不斷成長累積（表 3-1），能主動縮減債

表 3-1：各國中央政府歷年債務餘額統計

年度	中國大陸 （單位：億人民幣）	美國 （單位：億美元）	日本 （單位：億日圓）
2005	32,614	79,053	827,481
2006	35,015	84,514	834,379
2007	52,075	89,507	849,240
2008	53,272	99,861	846,497
2009	60,238	118,759	882,924
2010	67,548	135,288	924,360
2011	72,045	147,642	959,950
2012	77,566	160,509	991,601
2013	86,746	167,194	1,024,957
2014	95,655	177,945	1,053,357
2015	106,600	181,201	1,049,366
2016	120,067	195,394	1,071,559
2017	134,770	204,927	1,087,813

資料來源：各國政府官方數據，圖表筆者整理。

務的情形並不多見。

　　從前述分析中可以得出一個清楚圖像，現代經濟的快速成長提供資本家得以累積巨額財富，也提升了廣大中產階級的財富水準。資本家與中產階級的財富增長來源有住宅、廠房、辦公大樓、機器設備等實體財富的創造新增，有土地的兼併集中，但最主要還是來自於信用擴張的債權財富創造，尤其是公共債務的擴張。不論是央行部門發行的貨幣或財政部門所舉借的負債，這些公共債務的增長是支撐經濟成長的主要動力，也是創造民間財富增長的主要來源。資本家及富豪們所不斷增長的財富只有一小部分是經濟體所生產創造的，大部分則是由經濟體其他成員所移轉而來，經濟體其他成員在消費過程中，逐漸的將既有財富移轉集中到資本家手中，既有財富用盡則擴張信用繼續消費，繼續將財富移轉，當民間無法再擴張信用則由政府以公共債務持續支應資本家累積財富的需求，以維持正常的經濟產銷活動。而藉由公共債務的膨脹以造就少數人的財富增長，就成為現代社會財富增長表象的最主要內在原因之一。

第四章　景氣循環與
經濟成長定性分析

4-1 經濟活動循環流量說明

　　圖 4-1 是一個最簡化的經濟活動循環流程圖，模型中兩個部門，廠商部門與家計部門；兩個市場，商品市場與要素市場；在這循環中流動的有三種元素，商品、貨幣與生產要素，實線部分是商品與要素的流動，虛線部分是貨幣循環。生產要素的流動是由家計部門流向廠商，廠商在要素市場籌集資本、借貸資金、租用土地、僱用勞工以進行生產活動製造商品，商品的流動由廠商流向家計部門，廠商將產品在商品市場上銷售給家計部門消費使用。資金流動則是相反方向，廠商購買生產要素時須支付薪資、地租、利息給要素提供者，並於結算盈餘後分配利潤給股東，家計部門提供生產要素獲取資金報酬（薪資、利潤、地租、利息），再以所取得的資金向生產部門購買商品與服務，資金流回廠商後再持續進行下一期生產銷售活動。各家計單位所能獲取之報酬有高有低，所能購買的商品與服務也就有多有寡，生活水準因此各不相同。每期商品的總產銷量或資金的總流動量就是國民生產總額，流量的波動變化就是經濟的波動變化，流量的成長就是經濟的成長。這是一個實體經濟的循環，所以金融交易所產生的金融商品及本金換手，並不在

這個循環裡面，不過由金融活動所產生的孳息或服務手續費則會納入到這個循環中。在這個循環中商品與貨幣的流動是相對的，有多少貨幣流動就有多少等值的商品反向流動。因此有關景氣波動的議題，指的可以是貨幣流量的變動，也可以是商品流量的變動。經濟的成長表示有更多貨幣被轉手，同時也表示經濟體成員享用了更多商品與服務。

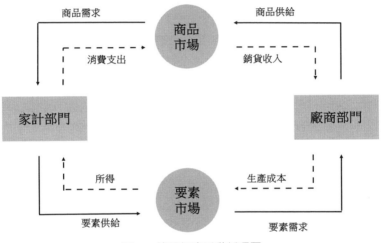

圖 4-1 簡單經濟活動循環圖

當經濟體各成員貨幣流入數量大致等於其貨幣流出數量時，會形成一個相同流量反覆流動的穩定循環，例如在圖 4-1 這個循環中，假設家計部門原有貨幣若干，非平均的分配於各成員，廠商每年生產 100 億元商品，在這之前要先支付員工薪資 70 億、土地租金 5 億、借款利息 5 億，其所生產的 100 億商品，由員工消費 70 億，地主、債權人分別消費 5 億，股東自己消費 20 億，年底結算有 20 億盈餘，廠商將這 20 億盈餘再全數分配給股東。如此一來，家計部門各成員次一年度貨幣

持有量就會跟前一年度一樣，可以繼續進行新一年度的生產、消費活動，這樣每年會有 100 億的貨幣與商品在這循環中反覆流動，這 100 億就是整個經濟體的國民所得。這個假想的經濟活動循環裏商品產量不變、貨幣流量不變、人民消費量不變，是一個沒有景氣波動也沒有經濟成長的循環。農業社會和平時期大致上就是這樣一個同等流量反覆流動的循環，因為農業社會生產力不高，和平時期天候良好的狀態下社會可以有較豐足產能，但大致上也都僅足供使用而已，少有因產能過剩之因素而導致產量下滑情形，只要外在環境良好都會讓產能發揮到最大；另一方面，一般庶民賺得少花得少，高官或地主賺得多但錦衣玉食、僱用奴僕等也花得多，較少有資本的持續性累積，每人收入大致上等於其支出，每人收入的資金又會以消費支出重新流入這個循環中，因此可以形成這種穩定循環。

工業革命之後生產力提高，使前段所述這種流量穩定的循環出現了很大變化。因為生產力提高及生產設備累積，使得商品產能也不斷提高，不過因為消費需求並不一定會同步增長，商品產量並不一定總是會配合產能的提高而增加，還經常會因為需求下滑而導致商品產量縮減，形成內生性的景氣波動現象。經濟發展雖然總是波動起伏，但受惠於技術進步與資本累積，在大漲小回的過程中還是可以呈現長期向上增長趨勢，累積下來，使現代社會商品產銷數量或經濟流量規模與農業社會時代相比，呈現了千百倍的差距。這些現象的詳細發展機制將在本章後續各節中做進一步探討。

4-2 景氣波動與經濟危機現象分析

　　景氣波動形成商業週期，商業週期是工業革命後資本主義社會的一種特有現象。在商業週期的成長階段，民眾擁有足夠消費能力，商品銷售暢旺，因為產能去化順暢，廠商會很有信心擴大投資，當廠商繼續擴大投資時，一方面增聘的員工收入增加，一方面廠商盈利增加帶動股票、房地產價格上漲，資產持有者名目財富也跟著增加，這些增加的收入及財富又再一步提高民眾消費能力，並激勵廠商再繼續擴大投資而又增聘員工、提高盈利，形成一個擴張迴圈（迴圈：電腦軟體術語，指不斷重覆執行的相同指令集，直到碰觸到特定條件才跳出該指令集，往下執行其他後續程序），反覆往上拉抬經濟景氣，使經濟持續的成長。在商業週期的衰退階段，民眾消費轉向保守，剛開始先縮減一些可以暫緩的消費，如減少觀光旅遊開支，暫緩耐久財的更新汰換等，廠商也會減少或停止投資，這就會使經濟流量些微下滑，相關廠商在銷售下滑情形下，就有可能降低投資、減少僱用勞工，導致有一些人收入減少甚或失業沒有收入，致使各類開支都會受到影響，連帶使其他行業銷售也跟著下滑，這又會讓整個經濟體的生產進一步縮減、失業進一步

增加，又再進一步降低消費能力及投資意願，形成一個收縮迴圈，反覆往下惡化經濟情勢，使經濟持續衰退。至於其中的轉折，在成長階段是什麼原因造成景氣反轉，致使經濟發展陷入到衰退或危機之中；又是那些機制才可使衰退的景氣可確實有效重新回到成長軌道，這些是現代經濟學還沒有完全解開的問題。

農業社會時期的經濟衰退很容易歸因於外部事件衝擊，如天候惡劣或政治動亂等，進入工業化社會之後，經濟雖呈長期成長趨勢，但總是不定期會有衰退或危機事件交雜發生。即使是溫和的衰退事件，也意味著會有更多人被迫失業或收入急劇下降，使原本正常生活遭受破壞，並經常造成離婚率、犯罪率、自殺率增加等社會問題。是以振興經濟提高就業，對任何國家政府來講都是最重要的施政重點之一。近代以來資本主義社會中經常會發生的經濟衰退現象也可部分歸因於外部事件干擾所造成的影響，但大多時候經濟衰退總是接續一段成長期之後自發性反轉發生，沒有明顯外部干擾事件，而是經濟運作自身因素所造成。對濟經濟衰退現象的探討與解釋，除凱因斯學派及新古典學派外，還有其他如貨幣學派、供給面學派等也都各自從不同觀點提出不同看法，其中有一項造成經濟衰退的結構性因素雖也會被一些人所提及但少有更深入的分析探討，那就是財富的集中，也就是少數人儲蓄的持續累積，不只是現金儲蓄還包括將儲蓄再投入生產活動的實體投資儲蓄。

財富集中對經濟情勢的影響

現金存款的累積，其造成經濟衰退的緣由較容易為人所理解。在 4-1 節中所描述的經濟活動循環如果相同數量的貨幣持

續在循環中流動，每個人的支出都大約等於其收入，則這樣的循環可以平穩進行，不會有循環流量收縮或經濟衰退的問題。隨著財富集中的情勢發展，貨幣從一般人所持有逐漸集中到少數富裕族群的過程中，這些錢都還是會存放在銀行，表面上經濟體還是有充足的貨幣可供借貸使用，但是有錢人無須借貸消費，沒錢的人借貸能力有其極限，因此雖然銀行資金水位沒有減少，但是富裕族群帳戶裡的很多資金並不會進到經濟活動循環裡面，財富越集中經濟活動循環裡的資金就會越稀少。當少數收入豐厚的富裕人士，持續將其大部分所得用於儲蓄以累積財富而未用於消費時，經濟活動循環中的貨幣數量就會持續減少，如果被儲蓄的貨幣數量不多，尚可以較高週轉率維持循環流量平穩流動，可是當富裕人士持續累積存款，而導致另外一些人的存款減少到無法維持原本的消費時，整體消費需求就會開始降低，銷售不佳下廠商也會降低或停止投資，開始進入收縮迴圈，而陷入到商業週期的衰退階段。

投資的效果

　　財富集中會導致一般民眾存款流失，降低消費能力，造成總體需求不足。表面上看，消費不足所產生的需求缺口可以用增加投資的方式來填補，似乎即可維持需求與供給的平衡，維持經濟平穩運作，但對一個封閉經濟體而言，增加投資支出雖可彌補消費的減少，保持經濟活動循環內有足夠貨幣數量以維持經濟平穩發展，但是這種模式只會有短暫效果，投資的擴張總是會有達到市場飽合之時，當產能擴張到市場飽合而必須停止投資時，因為囤積貨幣所產生的流通貨幣不足現象，終究還是會使經濟發展陷入到收縮迴圈中。

　　圖 4-2 是將圖 4-1 的廠商部門再分拆為生產消費性商品廠商與生產投資性商品廠商兩部門的經濟活動循環圖，A 類廠商是生產終端消費財的廠商，銷售對象是家計部門的消費者；B 類廠商是生產中間資本財的廠商，銷售對象是所有廠商。消費財與資本財的合計產銷構成國民生產毛額。B 類廠商銷售的資本財如果等於所有廠商現有設備的折舊耗損，且國民生產總額分配到家計部門後，所有人的收入都用於消費，那麼就可以持續有相同數量的貨幣在這個循環中流動，經濟會保持在相對平穩階段。只是資本主義制度下，廠商的經營利潤通常不會全數分配給股東，會有一部分留在廠商帳上，伺機尋求投資機會，這一部分就有可能形成儲蓄的累積，降低經濟循環中的貨幣數量。在景氣熱絡民眾有較高消費能力時期，廠商會將保留的資金用於增購設備，擴大經營規模，圖 4-2 中 A 類廠商將其保留的資金用於向 B 類廠商增購資本財時，這些貨幣會再回到經濟活動循環中，但這時流通貨幣只回復為原來數量，而 A 廠商增加投資為的是增加更多利潤，投資順利的話 A 廠商投資支出流入經濟循環的貨幣會更快的再度流回 A 廠商手中，如此只有相同數量的貨幣，而要供應企業更多利潤，必定會有無以為繼之時，當市場消費能力無法再消化廠商新增的產能時，廠商必然會停止投資擴廠行動，將利潤以現金保留。原先靠增加投資支出達到總供給與總需求的平衡，少了新增投資這一塊支出之後，B 廠商及其員工即會減少這一部分的收入，無法維持原有的消費能力，A 廠商的銷售達到高峰後也會逐漸回落，由此而起的投資及消費持續縮減，就無可避免還是會使經濟掉進到收縮迴圈中。

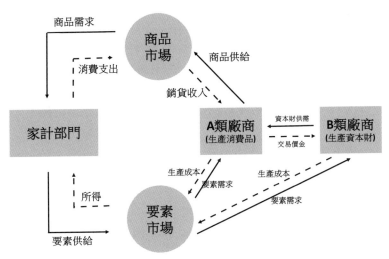

圖 4-2 區分消費品與資本財廠商的經濟活動循環圖

　　不論是自有資金投資或舉債投資都是同樣道理，預期有利潤時才會進行投資，投資者購買生產設備只是為了在未來的生產銷售中把投資收回並取得利潤，把貨幣釋出加入流通，只是為了在它收回時能連本帶利取回更多貨幣，只有在交易中減少別人的貨幣才能增加自己的貨幣，直到別人的貨幣減少到無法再支撐原有消費，投資就會停止。廠商累積集中的貨幣不再續繼進行投資活動後，循環流量自然轉向收縮，經濟進入衰退階段。投資雖然是提振經濟的一個方式，但只在繁榮時有錦上添花的效果，當需求不振銷售不佳時，又有誰會會繼續投資？當商品持續滯銷時還期望以促進投資來帶動經濟只是一個一廂情願的想法，並無法達到真正效果。簡單來說，只能用需求帶動投資，並無法以投資維持需求，持續的投資必然會導致產能過剩，產能過剩之下廠商停止投資則是必然的決策。

大型經濟危機的發生

　　商業週期具有相似的流程，但其持續時間、波動幅度、影響範圍則不盡相同，有些影響層面較為嚴重、持續時間較長的衰退事件被稱為經濟危機。有些危機是因為受到特定外部事件影響而引發，如 1970 年代的石油危機，大多數經濟危機則經常接續在一段長期的高度擴張後突然發生，也經常由於一些金融危機事件的暴發而驟然展開，原本熱絡興盛的經濟活動，反轉為消費縮減、銷售停滯、商品供給過剩、生產大幅度下降、失業率劇增、企業及銀行出現倒閉潮等現象，持續一段較長的衰退收縮期。這種現象主要導因於現代金融信貸機制發達及資產價格劇烈變動，對景氣波動所產生的助漲助跌效果。股票、房地產等資產是民眾財富的重要組成，也是提供民眾消費能力的重要來源，股票、房地產價格經常呈現的劇烈波動現象，也是影響民眾消費能力變化的重大因素。資產價格上漲時，民眾會更有信心、更有意願消費，出售或抵押資產也確實能取得更多資金消費，但是當資產價格回落時財富受到減損，原先被膨脹的消費能力隨之消失，因資產價格上漲所帶動的熱絡景氣也因此產生更嚴重衰退。金融信貸機制可以提供廠商擴張信用增加投資，也可以提供民眾擴張信用增加消費，這些擴張可以推高經濟成長期繁榮的程度，可是當衰退期來臨，因信用擴張所膨脹的消費及投資也會因信用收縮而驟然消減，使經濟衰退程度更加劇烈。

大型經濟危機的典型歷程

　　景氣繁榮階段，廠商的投資可以獲得豐厚利潤而累積更多財富，雖然財富的集中會逐漸減損一般民眾消費能力，但財富

集中是一個長期緩慢進行過程，再加上信用擴張及資產價格上漲作用，因此繁榮階段通常可以維持一段時期。直到一般民眾財富縮減的程度開始對其消費能力產生影響時，消費與投資的增長會些許放緩或停滯，經濟從繁榮階段暫時停滯下來。當景氣呈現一些疲態時就會對政府造成一些壓力，此時政府通常會開始採取營造寬鬆金融環境的貨幣政策，如調降利率、調降存準率、釋出基礎貨幣等，鼓勵廠商借貸投資，也鼓勵民眾借貸消費。尚處樂觀情緒之中的民眾及廠商受此政策激勵也會積極借貸消費及投資，稍微回落的經濟就可能會重新回復繁榮，而此時資本家所累積的財富，就是來自於一般民眾所不斷增加的負債，以及資本家本身的槓桿操作。這種小循環可能會重覆多次，但是貨幣政策的效果會遞減，等到信用擴張達到最緊繃的程度時，貨幣政策就不再有效，這時廠商或民眾手裏都已有數量龐大的負債等待清償。景氣持續繁榮時期資產價格也可能被拉升到與價值內涵顯不相當的泡沫狀態，當民眾負債到達最緊繃程度無法再舉借更多負債進行消費時，廠商銷售放緩，盈利無法再成長，投資也會跟著縮減，被過度預期的股價就隨時有可能大幅回落，當恐慌的心理蔓延時，就會產生股市崩盤的事件。繁榮期間超額舉債投資的廠商，在銷售不如預期之下，面臨龐大償債壓力，在景氣持續下滑或有其他惡意詐欺事件的情形下也有可能發生大型連鎖債務違約事件。當股市崩盤或大型債務違約等金融危機事件發生時，一方面直接受影響者資產大幅減損而急劇降低購買力，另一方面並引發社會恐慌情緒，進而大量縮減消費及投資，商品需求與勞動需求跟著快速下滑，進一步影響更多人的收入與消費能力，並又再度加深消費需求與投資需求縮減幅度，收縮迴圈會急劇發展，經濟危機事件就此驟然展開。景氣繁榮期間受益於借貸槓桿擴張及資產價格泡

沫而得以長期維持成長，經濟危機一但來臨，債權人急於收回本金，資產持有者也想儘快變現，去槓桿化過程中很多人的財富及消費力會受到極大減損，借貸槓桿收縮及資產價格泡沫破滅，就成為加重危機程度的主要因素。

經濟衰退或經濟危機的真正原因

　　經濟體中有無數的廠商、個人，分別持有多寡不一種類繁複的財富，因此財富集中所導致一般人消費力逐漸流失的現象不易為人所察覺，經濟衰退所同時出現的悲觀情緒以及金融危機所產生的恐慌心理又顯而易見，因此很容易使人誤認景氣波動主要是由群眾信心的變化所致，以為對前景有信心的樂觀情緒是景氣繁榮的動力來源，悲觀與恐慌的情緒是導致衰退與危機的主要原因，但其實財富的分配情形、一般民眾整體的消費能力才是決定成長與衰退的結構性因素。有消費能力不一定會有消費需求，但沒有消費能力就一定不會有消費需求。財富集中的程度經長久累積之後，一般民眾消費能力大幅流失、整體消費需求大幅下降，經濟的衰退自是必然。

政府的角色

　　經濟衰退是資本主義社會資本尋求自我擴張下的必然，但是從衰退到繁榮則恰恰相反，必須要有外力引導才能重回成長。停滯或衰退所造成的所得減少並不是大問題，稍微減少一些享樂大多數人都可承受，問題在於停滯所帶來的失業，少數人生活無以為繼，這是政府必須解決的。既然衰退的原因是貨幣從經濟循環中流失，解決的辦法就是將貨幣再補充回去。被富人儲蓄囤積的貨幣沒有管道吸引其再釋出，只好從外面補充

進來，封閉經濟體中，只能由政府擔任此供應貨幣的角色。政府供應貨幣的行動不只表現在央行貨幣發行，還表現在財政部門債務的舉借，而其中舉債擴張財政支出是更為關鍵的措施。政府擴大公共支出用於商品購買時，除了可引導廠商增聘員工外，一般民眾增加就業機會有了較高的收入進行較多消費，又會再進一步促使廠商繼續擴增產量及增聘員工，如此良性循環可使經濟逐漸回到擴張迴圈，達到促進景氣復甦效果。1933年羅斯福新政力挽大蕭條危機以來，財政擴張政策已成各國政府應對經濟危機的圭臬。

貨幣政策與財政政策的作用

一般觀念裏，政府對經濟體貨幣調控主要是由央行的貨幣政策所執行，但實質上央行的各類貨幣寬鬆政策都只是營造更有利於借貸的寬鬆金融環境，擴大金融體系的槓桿乘數，是用一部分人的貸款支撐整體貨幣供給額的增長，並沒有實質外部資金補充進來。央行釋出基礎貨幣也只是會計科目的轉換而已，並不是將新資金流入經濟體內，例如美國的量化寬鬆政策只是將財政部門的公債轉換成聯準銀的貨幣負債，那些資金早就由財政部門使用出去。釋出基礎貨幣的作用只是提供金融體系擴大借貸規模的基礎，只有由財政部門舉債籌資，再將這些資金以擴大公共建設、公共服務、社福補貼等方式注入經濟體中，才會真正有新資金補充到經濟活動循環中。

圖 4-3 是加入政府角色後的經濟活動循環圖，政府做為公共服務提供者其角色與廠商類似，從廠商及個人徵收稅金，然後到要素市場僱用員工及到商品市場購買產品，用以對民眾及廠商提供公共服務。政府與廠商的不同在於政府不以財政盈

餘為目的，更多時候會以財政的擴張或收縮來調節經濟活動的
不足或過熱；廠商或個人的舉債必須要償還，政府的舉債雖然
理論上也是要償還，但在現代經濟實務上，政府會主動縮減債
務的例子少之又少，政府對到期債務的處理，不但不斷以借新
還舊的方式將債務展期，並且還總是持續舉借新債擴張債務規
模，尤其是在經濟衰退時期。因為政府負債通常會無限期展期，
故可將政府舉借的債務視為經濟體所創造的新資金。當圖 4-3
的循環處於衰退階段時，因為資本家所得未全用於消費而持續
囤積貨幣，一般民眾消費能力逐漸降低，此時若政府舉債擴大
公共支出時，就能將創造的資金透過要素市場流入家計部門；
或透過商品市場流入廠商部門再依要素份額分配到家計部門。
家計部門民眾有了這些資金補充，彌補被資本家囤積起來的貨
幣，整個經濟循環有了政府資金的補充就可以再逐漸恢復原有

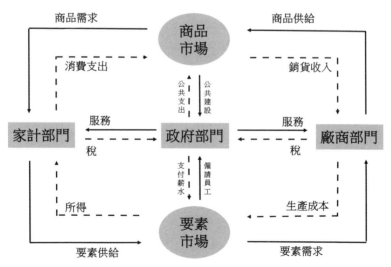

圖 4-3 加入政府角色後的經濟活動循環圖

流量，商品產銷數量逐漸成長，失業問題獲得改善，經濟得以進入擴張迴圈而重新回到成長階段。只是當政府舉債所投入的資金經過一段時期的繁榮後又再度集中到資本家手裏時，衰退就可能又再度來臨，而使政府部門經常陷入不斷舉債救經濟的迴圈中。

財富集中導致公共債務膨脹的必然性

政府發行基礎貨幣，經由銀行體系的借貸槓桿運作，金融機構裡面存有龐大的貨幣資金，但其中有一部份是富裕人士所儲蓄的閒置資金，只會停留在定存或只在金融商品間移轉，其餘另一部分才會用在消費、投資的實體經濟而進到經濟活動循環內流動。假設在經濟活動循環內流動的資金是在一個水管裡面流動的貨幣，那麼這個水管顯然不會是一個封閉的水管，必然時時會有貨幣因被儲蓄而流出水管外，也必然時時會有貨幣因動用過去的儲蓄而再度流進水管內。如果將民間的淨儲蓄視為一個整體，那麼整個水管將會如圖 4-4 所示有兩個開口，一個是會由於民間淨儲蓄增加而使貨幣流出的出水口，一個則是因為政府舉債支出而會有貨幣流入的進水口。

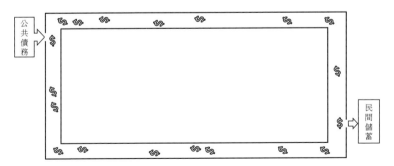

圖 4-4 實體經濟活動的貨幣流動示意圖

　　當民間淨儲蓄增加代表有更多的貨幣被囤積起來而未被用於消費或投資，當民間淨儲蓄減少代表有一些被囤積的貨幣重新被用於消費或投資，現實世界中民間儲蓄總是不斷增長，因此民間儲蓄這個開口的貨幣經常是流出的狀態。政府向銀行舉債時，會同時將借得的資金先存放在銀行，因此銀行體系會新增一筆貨幣供給。政府若發行公債向一般企業或個人籌資，則公債購買者會增加一筆對政府債權，然後將其資金移轉到政府帳戶上，銀行體系總貨幣數量沒有改變，雖然如此，富人以其閒置資金購買公債，政府再將取得的資金以公共建設、移轉支付的方式流回到民間。一般大眾取得這些資金後比較會進行消費、投資的實體經濟活動，政府舉債支出的措施將富人的閒置資金移轉給會進行消費的一般大眾，就會將實體經濟活動外的資金有效重新納入實體經濟活動內。現實世界中政府債務總是不斷的膨脹，因此公共債務這個開口會不斷有貨幣流入。

　　經濟產銷活動過程中，會有一些實體財富增長，但是貨幣只會在成員間移轉，淨量不會改變。貨幣的增長不是經濟產銷活動所創造，而是各國央行視經濟情勢需要，以購入資產做準備的方式所發行。財富集中的過程，少數人所聚積的財富只有一小部分是由投資活動所創造出來的實體財富，大部分是由經濟體其他成員所移轉而來的金融財富，當其他成員現金用盡，雖還可以再擴張信用供少數人繼續聚積財富，但民間信用有其極限，只有政府才能不斷的擴張信用。

　　實體經濟中，必須要有足夠的購買力才能維持消費品與投資品產銷活動的穩定運轉，當財富更加集中之後，富人儲蓄更多的貨幣，實體經濟領域內流通的貨幣就會逐漸稀少，致使消費能力逐漸降低。當消費能力降低到對經濟穩定產生影響時，

政府的對策有降低利率、釋出貨幣、引導投資、財政擴張政策等方式因應。其中降低利率只是利於借貸擴張，但是民間信用擴張有其極限，景氣低迷時期消費者及廠商也不太會因為低利率而增加消費及投資；發行貨幣只能提高貨幣擴張的基礎，並不會對民間財富產生影響，因為政府是以購買資產的方式釋出貨幣，因此民間沒錢消費者依舊沒錢消費；投資不論是以自有儲蓄或借貸資金進行投資，其目的是要賺取更多貨幣，因此投資初期雖然會有一些貨幣投入實體經濟內，但貨幣卻會以更快速度又集中回到少數人手中，而再度流出實體經濟外，消費能力無以為繼時，就沒有人願意再投資。降低利率、釋出貨幣、引導投資等措施都只能有短暫有限的治標作用，而且過度借貸或過度投資還有可能會造成更大危機。因此最後仍只能藉由政府舉債支出的財政擴張政策，才會再有持久性資金投入到實體經濟活動中，補充因富人儲蓄所流失的貨幣，經濟活動循環內才會再有足夠貨幣流量，也才能達到有效活絡經濟提振景氣的效果，不過當政府舉債所投入的資金又再集中到富人身上時，政府就必須再次舉債，才能繼續維持經濟穩定。因此只要財富不斷集中，公共債務就會不斷地膨脹，而現代社會富人不斷累積的財富有很大一部分就是由不斷膨脹的公共債務所供應的。

4-3 技術進步與經濟成長

　　技術進步的來源可以是自身的創新，可以是來自於學習，也可以是來自持續研發的成果。技術進步的樣態可以是機器設備發明，可以是知識創新，可以是生產流程優化，也可以是邊做邊學經驗累積人力素質提升。技術進步對人類生活的改善主要來自兩方面，一是生產力提高所帶來的產量增加，另一是商品創新發明所帶來的生活多樣化。

生產力提高對經濟發展的影響

　　技術進步生產力提高之後對經濟發展的影響也有兩種模式，第一種模式是特定商品產銷數量增加。生產力提高之後，以相同人力可以生產更多商品，使人們有更多該項商品可以使用，因為生產力提高而使該項商品產銷數量增加，形成經濟的成長。以電腦產品為例，假如電腦 IC 記憶體原來總產量為一億 GB，當生產力提高十倍之後相同人力就可生產十億 GB 記憶體，經過一段時間調整，記憶體價格下降到十分之一，大眾對記憶體需求也增加十倍，這時該項商品的生產與消費數量會增加十倍，人們有十倍商品可以使用，該項商品的產銷流量就此成長

了十倍。

　　生產力提高之後並不必然會提高某項商品的產銷數量，另一種模式是以更少的人力生產相同數量商品，並將節省出來的人力投入其他新產業的生產活動。最典型的例子如農牧產業，自動化機具、化肥農藥、生物工程等的發展與應用，使今日農業生產力相較於工業革命以前有數十倍甚或百倍的成長，但是可耕作面積固定，人們對食物需求到達一定程度後也不會再增加，生產力提高的結果只需要較少人力就可以生產相同足夠數量的糧食，其餘節省出來的人力就可以轉而從事其他二、三級產業的生產活動，當這些節省下來的人力都有順利從事其他生產活動，產品也都能順利去化時，因為這些節省出來的人力轉進行其他生產活動所增加的產量產值，就可以使整體經濟活動循環流量有所增長，形成經濟成長。

　　生產力提高一方面可以擴充產量，製造更大量產品供應更多消費；一方面也可以節省大量人力轉移到其他製造或服務產業，提供人們更多樣化的消費型態。有些產業會同時兼具這兩種發展模式，例如紡織業一方面從業人口佔比逐年遞減，一方面更高的產量不僅使人人光鮮體面，快時尚興起更滿足很多人喜新厭舊的快速汰換需求。

商品創新對經濟發展的影響

　　舊有產業人力需求不斷降低，原本可能發生的失業問題則因為有了創新商品出現而得到解決，新商品的成長也因為舊產業人力持續削減而有源源不絕勞動力補充。從民生用品到休閒娛樂商品如電燈、電話、照相機、汽車、收音機、電視、洗衣機、冰箱、電扇、冷氣、電腦、手機、奶粉、抽水馬桶、觀光旅遊、

運輸服務、金融保險、影視內容等，不斷出現的新商品持續提高人們生活品質。這些商品都是從無到有、從稀少到普及、從粗成到精緻、從少數人的奢侈品到成為大眾生活必須品，每一種商品的成熟普及都為經濟規模增添一份成長。

舊產業成本降低、產量增加，多出來的勞動力再從事新商品的生產，經濟活動循環中的商品種類與數量不斷往上攀升，家計部門必須有足夠消費能力才能維持這個循環，要讓家計部門增加消費能力就必須商品價格下降或提高勞工薪資，如此才能使消費者有足夠購買力以消化這些大量增產的商品。但是企業的經營目標卻又是在於追求最高利潤，總會儘可能將技術進步所產生的效益留在企業本身，企業追求利潤的途逕是降低成本、提高售價，盡可能減少工人的人數與薪資，而工人得到的工資越少購買力越低，無法消費所生產的商品，經濟發展就會受到阻礙。因此，技術進步雖然通常可以帶來一段時期成長，但對長期而言，技術進步雖給經濟成長創造空間，成長並不會因為有了進步的技術就可一帆風順自然達成，通常都會經歷各種波折起伏。在經濟發展的過程中還必須經過其他相關條件的配合，才會將技術進步所帶來的效益普遍惠及到廣大的一般民眾。為更具體理解技術進步在經濟發展歷程中可能引起的各種變化及可能經歷的各可種歷程，以下試以一個簡化情境的模擬做說明。

生產力提高推動經濟成長歷程的情境模擬

假設有一個封閉自給自足的經濟體。在剛開始時，經濟體內和諧分工，有均衡的生產消費，他們每個人都保有足量的貨幣做為生活週轉金，且每期勞動報酬所換得的貨幣也大致上等

於生活支出，可繼續供應下期生活使用。貨幣在所有人之間均衡穩定流動，沒有人特別多、也沒有人特別少；政府的收支也保持平衡，沒有負債、也沒有結餘。經濟體內有 10 個人是各自經營的衣物產銷者，他們所生產的衣物總量剛好等於全國衣物需求量，他們每個人每期產銷衣物的所得報酬各為 100 元，這一百元也大致等於他每月開支。後來其中有一個人（下稱企業家）構想設計了一種機器可以用更少人工，以更快的速度生產衣物。他在閒暇之餘製造完成這一種機器，之後他只需僱用 3 個人來替他生產衣物，就可生產出相當原先 10 個人產量的衣物，因此生產出的衣物就可用更便宜價格賣給經濟體內所有人。假設企業家僱用的三個人，每個人同樣給他 100 元薪資，產品用比原勞動成本低一成的定價賣出衣物，那麼他的發明就可以為他帶來每期 600 元報酬（節省了 7 個人的勞動成本 700 元，但為提高競爭力降低 100 元的總體銷售價格，收支淨額 600 元），遠高於自身原本的勞動所得 100 元。假設企業家因為收入增加除原先 100 元生活支出外，又再多僱用三個人為私人幫傭，每人也給薪 100 元，則他每期還可以有 200 元的剩餘可以儲蓄累積財富。這時原來 10 個傳統衣物製造者中則還有三個人會有可能成為失業者，他們須要努力尋找其他的工作機會。假設這三個人發現大家都很喜歡看表演，而他們剛好也都很有表演才華（歌唱、雜耍、魔術等），於是他們分赴各地巡迴演出，並收取門票，每期的門票收入剛好等於 100 元，可以讓他們維持原先的生活水準。此時經濟體內的人們同樣是和諧的分工，而全體生活水準提高了，因為企業家的創新發明，讓他們可以每年多欣賞數場的表演活動。另一方面，經濟體內整體的國民所得也增加了，每期增加 500 元（企業家衣物銷售額比原先總額少 100 元、企業家多花 300 元僱私人幫傭、全國

民眾多花 300 元看表演）。

　　此時除了企業家外所有人的收入與初始時期相同，支出方面雖然購買衣物的費用有些微的減少、但觀看表演增加更多支出，所以他們生活週轉金會逐漸減少。相同的生活水準及國民所得持續了一段時期後，漸漸的有一些人的資金已經不敷週轉使用。於是他們只能減少或停止觀賞表演的支出，使三個表演者收入隨之減少，當觀賞表演的支出繼續縮減時，失業問題又再度出現。

　　或許還可以用借貸的方式來維持原來的經濟運作，政府為了要改善這種狀況可能會鼓勵民眾繼續原來的消費，錢不夠的話就先向企業家借，因為企業家有累積龐大財富。如此一來可能可以暫時維持原有生活，但是終究無法長久。假設他們借貸消費一段時期之後，企業家除了持續累積貨幣外還累積了不少債權，一般民眾則相對累積同樣多的債務。企業家持有龐大債權後，開始擔心其他人的還款能力，於是除了停止繼續借出款項外，並進一步向債務人要求還款。經濟體內民眾無法再借貸，消費能力因此驟然大減，幾乎同時全面取消觀賞表演的消費支出，讓三個表演工作者立即遭受失業困境。甚且民眾為了還款，還必須進一步縮減其他支出，譬如每個人少買一件衣服，少喝一杯珍珠奶茶，用來籌措還債資金。因此不但三個表演者失業了，連一部分製衣工人及一部分奶茶商人也失業了。嚴重程度遠甚於之前的衰退，然而最壞的情況並不僅止於此，當很多人紛紛收入減少甚至失業之後，被迫繼續擴大縮減非必要支出，如自行車換購，房屋修繕等，因此連帶使該類從業人員也都被影響而收入又隨之減少，甚至被迫失業，經濟收縮迴圈反復進行之下，衰退的情況可能愈演愈烈，導致全國有大量失業人口，

有工作者也收入大減，失業人口生活困頓只能靠接濟維持基本溫飽。另一方面又有許多生產工具閒置無人生產，商店生意清淡，整體生活水準嚴重倒退，社會景象蕭條。

經過一翻思索後，政府終於採取舉債擴大公共支出的作法，藉由大量公共建設、福利支出等方式，來增加人民收入。擴大建設除了可直接降低失業率外，民眾增加的收入還可使生意清淡的商店營業有一些起色，銷售量增加除了使生產者及銷售者收入增加外，還可以再多僱用一些人員來增加生產，開始啟動經濟擴張的迴圈，從而使蕭條的經濟逐漸改善。

蕭條時期，政府是以舉債方式向企業家借了他所儲蓄累積的資金，再將這些資金以公共建設及福利支出的方式將貨幣供應到市場上，市場上就有足夠的貨幣可供流動。另外在蕭條時期，企業家為了要順利銷售衣物，將其價格降低到比人工生產勞動成本低三成的價格出售，景氣回升後未再調回，此時他每期的淨收入降到剩 400 元，每期淨所得剛好足夠聘請三個幫傭的優渥生活沒有剩餘，累積的財富不會再持續往上增加。而在此價格上一般民眾購買衣物的支出節省了三成，剛好可以拿來做為觀賞表演的消費支出，因此三個表演工作者也都可以再順利工作生活。經濟體內再度就業充分，人民又回到和諧分工、均衡消費的安定狀態。這時與初始時期相比可以發現有一些改變，第一是經濟成長了，人民可以多觀賞數場表演活動。其次，企業家除了有更優渥生活外，也增加了龐大以公債持有之財富。再者，政府為了拯救經濟也累積了龐大負債，而所累積的債務大致上剛好等於企業家所增加的債權。假設公債不計息或對企業家增稅剛好抵銷公債利息支出，各人擁有的財富就可以如初始時期般，收入大致都等於支出，財富持有量保持不變，

此時可以說經濟成功的發展到了可以更高消費的另一個穩定狀態。

生產力提高推動經濟成長歷程的簡單結論

真實世界中各種事件錯綜複雜的交錯、穿插或同時進行，繁榮或衰退的程度有深有淺、期程有長有短，不論如何，上述模擬情境的各種類似情節，經常在真實世界的各個時期中反覆上演。把錯綜複雜變化萬象的真實世界做適度簡化後就可清楚看出，技術進步所產生的效益要穩定傳導到消費者的過程中，必須要有一個關鍵程序，而且是經由三股力道合力推動才得以持續進行。一個關鍵程序是商品價格必須反應成本降低而向下調整或勞動所得反應生產效率提高而向上增長（兩者本質相同都可視為商品實質價格的降低，以下皆以商品價格降低代表兩者）；三股力道是企業家追求財富的動力、消費者提高生活品質的動力、政府穩固統治基礎的動力。

技術進步生產力提高成本大幅降低後，若沒有將商品價格反應成本向下調整，則一般消費者沒有分享到技術進步帶來的效益，就沒有能力增加對商品的購買，也不會促使廠商增加生產，那麼技術進步帶來的就只會是失業增加而不是經濟成長。商品價格反應成本向下調整之後，工人薪水可以消費更多的商品，才可以拉動更高的產出。在技術進步及廠商競爭作用下，商品價格反應成本向下調整會或快或慢、或大或小的長期進行，有些商品可以比較快速將技術進步的成果充分反應在商品價格上，例如 1980 年代開始普及的電腦產品，隨著各項製程技術突飛猛進，電腦運算速度、儲存容量的成長可用一日千里來形容，但是數十年來電腦硬體價格很少隨著功能品質的提高

而跟著上漲,甚至還呈長期下滑走勢,相同價格每隔一、兩年就又可以買到更高規格產品,1990 年時配備運轉速度 20M 赫茲 80386 處理器、4MB 主記憶體的個人電腦要價臺幣 3 萬元以上,2017 年配備運轉速度 3G 赫茲 i5 處理器、4GB 主記憶體的文書機不到兩萬元,效率與容量都千百倍提升,商品價格又能同步大幅調降,這算是一種比較理想的成長歷程,不過這種實例並不多見,大多數時候生產力提高所產生的效益通常會由部分廠商獲取較高利潤,然後在技術逐漸成熟且競爭廠商增多之後,商品價格會逐漸調整到自由競爭下的均衡價格。而經濟發展也在景氣波動起伏中呈現長期向上成長走勢。

　　有了進步的技術,企業家會盡量利用其效益多產銷商品以追求最大利潤,消費者在價格下降之後也會想要多享用技術進步帶來的效用,如此才能共同推動經濟產值往上成長,這需要商品價格適度調整才能達成兩者均衡。除了價格要能反應成本向下調整外,現代經濟的成長發展還有一個關鍵因素,就是政府的救市措施。價格降低,技術進步的效益能夠移轉給消費者,經濟就可以獲得成長。但價格向下調整只會調整到均衡價格,雖有時可能出現短期沒有利潤的更低價格,但這會使部分廠商退出或減少產能,最終還是會回到均衡價格。在均衡價格下廠商雖不會有超額利潤,但還是會有均衡利潤。在均衡利潤下,小廠商的經營成果利潤不多,分配給股東後股東可能全數用於消費支出,不容易有財富累積。但是對大廠商而言,雖然不高的利潤率也可以產生很高絕對金額利潤,有了很高絕對金額利潤,除供應大股東優渥生活外,還可以有很高的結餘成為資本累積,因此財富集中還是無法避免。財富集中經過長期累積之後,經濟由成長反轉進入收縮迴圈而產生衰退或蕭條局勢時,

就必須由政府投入資金填補因財富集中所流失的消費能力，使
景氣能夠復甦。通常在衰退時期，物價會有較大幅度向下調整，
再加上有了政府資金補充，民眾實質購買力又提高後，經濟就
可以又有一段長時期的擴張發展，而成長到比衰退之前更高的
產出水準。

創新商品推動經濟成長的情境模擬

　　生產力提高使得相同人力可以生產更多產品，供應更多
人使用，生產力提高也可以在更少的人力之下生產相同數量產
品，節省出來的人力可以轉而投入其他新商品的生產。這都可
以提高人類生活水準，推動經濟成長。技術進步對經濟發展及
人類生活所產生的效益除了生產力提高之外、另一個更大的影
響是新商品創造，新商品的創造可為人類帶來更舒適、便利、
愉快的美好生活品質，並為企業家帶來更多新商機。在很多時
候，同一種商品會兼具兩方面功能，如汽車的發明與改良大幅
節省產業運輸時間與成本，家用車輛普及後，也成為中產階級
的娛樂休閒用品；電子商務網路銀行的成熟運作，不僅節省金
融機構大量臨櫃作業人力，也給使用者帶來便利、快速的資金
操作需求；又如洗衣機、奶粉等商品的出現，使得家務勞動變
得輕鬆自在而省時，在大幅減少家務勞動時間後，有許多的婦
女可以選擇重新投入勞動市場，不只家庭收入增加，也為經濟
發展提供更多勞動力。新商品的出現給企業家帶來新商機，
也需要新的勞動力進行生產，此時因為技術進步生產力持續
提高，舊有產業總是可以持續節省很多人力需求，這些節省出
來的人力就都恰好可以投入新商品製造，在前述的簡單情境模
擬中，當生產力提高致人力過剩時，該情境是將節省出來的人

力用於服務業的表演活動，在現實世界中，也有很多時候過剩的人力是轉從事新消費商品的製造生產活動，以下再舉一例說明。

　　假設某一經濟體內只有兩種消費性商品，原來有的農產品以及新發明的電視機商品，因為農業自動化機具陸續使用，農場人工需求逐漸減少，部分農業受僱人員本來可能面失業危機，這時剛好有電視機的發明，擁有資本的企業家開始投資設廠並招聘那些從農場被解聘的工人以生產電視。原本大家只消費農產品，現在除了少數本就擁有閒置財富的人可以增加購買電視外，因為農業勞動成本降低農產品價格也有一些調降，有些勞工也可挪出一些所得購買電視，經濟產出除了原有農產品外還多了一些電視產品，以此造就了經濟成長。

　　當還有很多人有能力購買電視時，廠商會持續投資擴廠招聘員工，那些陸續被農場解聘的工人也都可以順利轉換工作。在電視商品剛推出階段，價格昂貴廠商擁有較高利潤，廠商股東取得利潤除了用於消費外還有很大的剩餘，可以增加現金儲蓄也可以用於繼續投資設廠。農民向電視生產者購買電視，電視生產者向農民購買農產品，資金來回流動，但是每流動一回就有一些資金被電視廠商從這個流動中移出囤積起來，農民的資金逐漸減少致購買力逐漸下降，有能力買電視的人變少了，電視汰換週期也開始拉長，農民購買的電視產品減少後電視機銷量下降，因此廠商不但不再繼續擴廠，甚且還進一步減產減少僱用工人，工人收入減少又進一步也減少了對農產品的需求，從而引發經濟收縮迴圈啟動，使經濟進入衰退階段。此時再陸續被農場解聘的工人以及被電視廠商裁員的工人就必須面臨失業困境，電視及農產品的產量也都同時大幅降低。這時電

視廠商的產能都還在，折舊必須照常提列，為了減少虧損，廠商必須降低產品價格、刺激銷售量，若一直沒辦法讓買氣回升，商品價格就會一直降到接近現金成本為止，這時利潤微薄，甚至虧損，廠商比較沒辦法持續累積財富。

　　在景氣衰退一段時間之後，政府決定在平常預算執行之外，額外借錢興建一座水壩，僱用那些失業工人參與水壩興建，讓經濟可以回復充分就業。原來的失業工人在政府以額外的公共支出聘用於興建水壩後，工人有了收入可以進行正常消費，使農產品生產可以逐漸回到衰退前的產銷水準，電視生產則因價格降低的刺激，產量還可以進一步提升，使用更加普及，經濟成長的幅度更高。而且這時廠商因為利潤不高，不容易有儲蓄累積，所有資金較可以留在經濟活動循環內流動，經濟活動流量可以保持平穩，增長後的經濟就可以穩定維持。當下次又有新發明或新投資時，經濟就又會再經歷下一輪的成長、衰退與復甦

創新商品推動經濟成長歷程的簡單結論

　　從這個簡化的模擬情境中，同樣可以具體整理出新商品出現後，其推廣與成長的歷程。新商品發展需要新的勞動力進行生產，也需要有多餘財富進行購買。此時舊產業因為技術進步，可以釋出多餘勞動力移轉到新商品的生產，舊產業因為成本下降價格下調，消費者也可以有多餘財富購買新商品。新商品初發展階段通常價格昂貴，只有少數人有能力消費，隨著技術成熟、規模經濟效益發揮、以及廠商之間的競爭，不僅品質日益精良，價格也會逐漸親民使商品也能日益普及，有些還成為日常生活的基本配備，如家電、手機等。這種新商品普及的過程

就是經濟成長的過程。創新商品帶給企業新商機，企業多一個累積財富的途逕，企業對這些新商品經營利潤的累積同樣也會產生因財富集中消費力流失而造成經濟衰退的問題，這些新商品本就從無到有，所以當消費能力不足時，放棄或減少對這些商品的消費會更為自然快速，而由此引發的衰退問題也會更為嚴重，最後仍然是要靠政府救市措施方得以解決。當這些新商品的價格低到利潤微薄，廠商不容易快速累積財富時，經濟在平穩的情勢中，就可以繼續打造下一波的成長。

需求面的維持是經濟長期成長的重要關鍵

　　技術進步為人類美好生活創造更多可能性，為現代社會經濟高度發展開拓寬廣空間，過去數個世紀以來，我們生活水準和文明發展以前人無法想像的幅度增長，這都完全是奠定在技術進步的基礎上。但技術進步只是給這些發展提供可能性，並不必然會帶來恆久的成長，經濟發展過程中常可見到會經歷一些大大小小的困難波折，產生這些波折的關鍵因素則在於需求面的無以為繼。技術進步所產生的效益，在經過廠商競爭後，會有適度讓利而能使大多數消費者受惠，但即便如此財富集中的趨勢仍不可避免。經濟發展過程中財富逐漸集中到少數人手裏後，一般人民無力維持正常消費水準的情形下，不只經濟發展受到阻礙，人民原有的正常生活也會受到衝擊，使得進步的技術不只不能增進更美好的生活水準，還反過來侵蝕廣大勞動者的工作機會，也成為危機蕭條的幫兇。對經濟成長課題的探討，如果僅侷限在供給面技術進步所帶來的可能，就無法掌握這種經濟發展機制的全貌，必須還要考慮到需求面消費能力的變化情形。

　　在現行制度體制下，財富集中之**趨勢**無法阻止，技術進步推動經濟成長的過程中，不免會因財富集中導致消費能力日漸流失，使產量產值下滑，更大的影響是會產生為數可觀的失業人口，並可能引發經濟情勢再**趨**惡化發展，因此當景氣稍有回落時現代政府通常都會很及時的採取因應措施，快速以公共債務所創造的資金補充民間流失的消費能力，使經濟可以再維持一段時間成長，而經濟發展就是在如此大漲小回的格局中造就長期成長。

4-4 資本與經濟成長

資本累積與經濟成長

　　傳統認為資本累積與技術進步是推動經濟成長的兩大動力，但從另一角度思考可以說資本累積其實就是技術進步的具體落實，因兩者對經濟成長的推動作用在本質上應是同一事件。進步的技術必須透過機器的使用才能發揮其效能，機器的使用是技術能力的具體落實，一部機器只能取得一部機器的生產效益，必須有更多機器才能使技術進步的能量有更多發揮，取得更多機器的生產效益，而能將技術進步的成果分享到更多人。

　　對機器設備的持續投資才能達到持續提高產量的效果，這需要企業家追求財富的動力，企業家為了追求利潤才會持續投資累積實體資本，也才會持續研發創造知識資本；資本累積所提高的產能需要消費者有購買能力及意願，提高的產能才能有效發揮，落實為實質產量的增長，並再給企業家持續投資的動力。經濟發展的過程中免不了有時會出現消費能力流失經濟衰退的現象，這需要政府的救市措施協助解決，這些互動歷程及

調節機制在前一節中已做說明，此處不再重覆。本節主要將針對資本與經濟成長間的因果關係做進一步的探討，提出一些不同的觀點看法。

再論儲蓄與投資的恆等原理

　　前面第二章附錄 2-1 有詳細說明儲蓄與投資的關係，為了闡述本節相關論點，此處再作一些摘要整理如下。因為在封閉經濟體中兩個定義式「國民所得 = 消費 + 投資」、及「儲蓄 = 國民所得 － 消費」，而有「儲蓄等於投資」這一定律，但究其根本原理，儲蓄之所以等於投資是因為兩者指的是同一件事，都是指經濟體中對資本財的購買，該資本財在今日未用於消費，是為儲蓄，在明日可形成產出是為投資，所以儲蓄必然等於投資。儲蓄等於投資這個概念與貨幣變動無關，因為「國民所得 = 消費 + 投資」這一定義式是指以貨幣計價的經濟總產值等於消費性商品產值加上投資性商品產值，與貨幣增減無關（貨幣只有流動而無增減），如果將之代入「儲蓄 = 國民所得 - 消費」這一定義式得出「儲蓄 = 投資」的定律，再進而衍申為「儲蓄提供的貨幣數量等於投資於資本財的貨幣數量」的結論，則是犯了邏輯上的錯誤。經濟體中個人取得的貨幣收入是由經濟體其他成員移轉而來，當他將收入的一部分存入銀行不用於消費時，社會只會減少這一部分資金的流動，並不會因此增加一筆投資，廠商也並不必然會把這筆資金借出來投資，相反的還有可能因為消費量減少使需求不振而減少廠商投資，因此由個人減少消費所儲蓄的貨幣就只是個人儲蓄，並不會因此轉為經濟體的實質資本。又假設在某一期中家計部門的收入完全用之於消費沒有新增儲蓄，此時家計部門的銀行存款與餘額與上期相同沒有改變，在這種情形下廠商的投資活動仍然

能夠正常進行，因為他除了自有資金外，他要向銀行借錢也總還是借得到錢，並不會因為消費者沒有儲蓄而限制了廠商的投資活動，因此廠商的投資決策並不會因為消費者貨幣儲蓄量的多寡而受到影響，貨幣儲蓄與廠商投資之間並不存在數理的恆等式關係。是因為廠商投資支出所生產的商品沒被消費者消費掉，成為了經濟體的儲蓄，因此才會有儲蓄等於投資這個恆等關係，只是它們指的都是實質商品，與貨幣的數量無關。

消費者的儲蓄不等於資本的累積

　　因為對儲蓄與投資觀念的混淆，當前內生成長模型所闡述的經濟成長理論都存在這一個重大盲點。現代各種內生成長模型對資本的定義除了實物資本外，亦包括非實體形式的其他廣義資本如創新知識、人力資本等，各種內生成長模型對資本定義所涵蓋的內容可能有所不同，但其理論架構基本特質則相同，都是根據時間偏好率、跨期替代彈性與廣義資本的邊際生產力等相關參數來共同決定資本累積的速度以及經濟成長的速度。也就是比較消費者對現在消費的偏好程度及暫緩現在消費並將之充做生產資本時，所增加未來消費的可補償程度，由兩者的均衡決定消費、資本累積、經濟成長等各變量，基本原理都是把消費者的儲蓄傾向當做經濟成長的一個重要正相關變數，但這與真實世界的實際現象並不完全相符，也因此總是會產生與節儉悖論相衝突的結論。

　　從直觀角度分析，廠商投資可以用自有資金投資也可以借錢投資，廠商需要借錢投資時，能否順利取得融資的條件在於廠商信用及擔保品價值，而不在於銀行是否有足夠的資金，更不在於家計部門的存款數量，因為只要貨幣乘數擴張就可以創

造更多貨幣。資本累積來自於投資，投資的決策在廠商而不在消費者，廠商投資與否只跟消費需求的強弱有關，與消費者的貨幣儲蓄量無關，信用條件足夠的廠商想要借錢投資時總是可以借得到錢。廠商投資的數量或借錢的數量與家計部門儲蓄數量不會有等式關係，也不會有均衡關係，因此不能用消費者儲蓄的偏好來代替廠商投資的意向。而一般的成長理論用消費者的時間偏好率、跨期替代彈性等參數推導資本累積的速度，所得出來的結論也因此與真實現象就會有一些落差。

具體來講，現代內生成長模型的主要盲點就在於，以消費者減少消費增加儲蓄的意向等同為廠商投資累積資本設備的意向，與現實世界的真實現象並不相符，家庭貨幣儲蓄並不會必然成為廠商的投資，把錢存起來不並能累積經濟體的資本，減少消費也不能累積經濟體的資本。只有資本財的投資成長才能累積資本，但這與消費者減少消費增加貨幣儲蓄的行動並不是同一件事。

經濟成長帶動資本累積

從進行經濟活動動機的角度分析，企業家本於追求利潤的動機進行資本財的投資購買，從而提高整體社會的資本存量及產能水準。企業家會增加投資的前提必然是經評估有利可圖，評估的依據則主要是由現時的銷售狀況推測未來展望。當經濟快速發展需求暢旺產能飽合商品供不應求時，企業家必然會加快投資動作，當經濟衰退需求萎縮產能大量閒置經營難以獲利時，企業家必然會減緩或停止投資。也就是說先要有經濟的成長將現有產能做有效的發揮時，企業家才會增加投資以累積更多資本。從對經濟活動的動機分析，顯然經濟成長對資本累積

的影響會大於資本累積對經濟成長的影響。

　　真實世界的發展歷程也是如此，在繁榮時期投資會增加，資本存量及經濟產量也會有較快成長，然而進到衰退期時，技術能力、機器、廠房、人力都沒有減少，但是產量卻必然會因為消費需求不振而轉向收縮，使投資也隨之縮減。在一般先進國家測量經濟表現的綜合指標中，都把商品訂單、價格變化等列為領先指標，而最終產品產出、投資支出則列為同步或落後指標，是很好的例證。在景氣循環經濟波動的歷程中，還有一個明顯現象就是設備投資的波動幅度總是大於整體產值的波動幅度，尤其是在收縮期，投資支出的收縮程度更是遠大於整體產值的收縮程度。因為這些資本財都具有數年使用年限，當舊設備的產能已經大幅過剩時，就不會有新資本財需求，因此在衰退時期廠商就算有很多閒置資金，也會放緩或取消投資計劃，甚且因投資大幅收縮不足以補充折舊，而形成資本存量負增長，使產能自然萎縮。等到新的擴張期重新來臨時，為了要填補萎縮的產能並因應新增需求，投資支出又會有較大幅度的回復。

　　不論由心理層面動機分析或真實世界實際發展觀察，資本累積並不是推動經濟成長的根本因素，資本累積只是提供經濟成長發展的空間，資本存量代表的是最大產能，而不是真實產出，有了資本存量必須要有有效需求的配合才能將資本存量的產能，落實為真實產出，而當經濟成長接近資本存量的最大產能，現有資本都能較有效利用時，就會有較多新投資出現，而使資本存量再進一步累積，也擴充了再進一步成長的產能基礎。這才是比較合理的經濟成長程序，而其中最重要的動力來源就是有效需求的強弱以及有效需求的持續性。

　　在國際競爭的經貿環境中，落後地區發展經濟的途逕，一般會認為須由人民努力儲蓄累積外匯，有了外匯才能購買先進機器設備用以對本國進行更多建設與發展。這是以累積資本為方法以達到促進經濟成長的一種概念，這種說法有一些道理，但並不完全確切。例如，任何貧窮國家總是還會有少數的富豪，他們一直都有能力投資，也可以借錢給國內具冒險精神的企業家進行投資，其投資與否主要還是以未來展望為決策依據，與國內現有外匯存量的關連也不大。

先哲的困惑

　　凱因斯在通論中提到：

> 「我們已經看到，在達到充分就業狀態以前，資本的增長完全不取決於消費傾向的數值低微的程度，恰恰相反，後者會有礙於前者的實現。只有在充分就業的條件下，數值低微的消費傾向才有助於資本的增長。」（通論第二十四章第一節）。

　　他認為，在未充分就業之前，資本累積並不來自於低消費傾向的高儲蓄率，而且相反的，低消費傾向的高儲蓄率反而會造成資本累積的障礙。但是他認為充分就業狀態時低消費傾向的高儲蓄率可以有助資本累積。但對相同儲蓄決策為何會因不同就業率而對資本累積有不同影響這一論點他並未提出任何進一步說明，顯然他也將貨幣儲蓄誤認為可以等同商品投資，才會產生這些觀念混淆。馬爾薩斯的政治經濟學原理及理凱因斯的通論中還有過如下敘述：

> 「亞當斯密曾經說過，資本係通過節儉而得以增加；每一個節儉的人都有利於社會；以及財富的增加取決

於產品與消費量之間的差額。這些命題在很大範圍內的正確性是完全無需懷疑的……但很顯然的是，它們並不是在任何範圍內都正確無誤；如果把儲蓄的原理擴大到過份的程度，那麼，它會摧毀生產的動機。如果每人都滿足於簡單的食品、最劣質的服裝和最簡陋的住房，那麼，可以肯定，其他種類的食品、服裝和住房就不會存在……這兩種極端情況是顯而易見的；因此，必須存在著一個位於二者之間的點；在該點，把生產的能力和消費的願望都加以考慮後，對財富的增加才具有最大的誘導力量。當然，政治經濟學的知識未必使我們能找出該點。」（通論第二十三章第七節引述馬爾薩斯之言）

「只有經驗才能告訴我們體現於國家政策之中的群眾意願應該在何種程度上被用之於增加和補充投資誘導，以及應該在何種程度上才能安全地被用之於刺激平均消費傾向，而又不妨礙我們在一兩個世代中消除資本的稀缺價值的目標。」（通論第二十四章第三節）

顯然，他們都認為過度儲蓄並不會成為資本累積，反而會成為摧毀生產的動機，但也因為困擾於儲蓄與投資之間的關係，而想要找出最佳儲蓄率卻無法求得。

財富分配比財富數量對經濟成長有更重大影響

經濟成長不會因為有進步的技術就可自然形成，資本累積也不是純由消費的減少而節省出來。以二戰後的亞、非、拉丁美洲等各地落後國家的發展為例，剛開始技術與資本都處在很低水平，因為技術可以學習，資本可以引進或外借，經過多年發展後，有些地區成為新興經濟體，有些國家貧窮依舊，發展有極大差別，這些差別就不會是初始技術與初始資本的差異

所造成，必然有諸多其他主客觀條件的影響，如人民素質、教育程度、企業家精神、地理條件、天然資源、政治安定性及政府的政策措施等。在各種影響因素中還有一項因素少為人所重視，那就是財富的分配與所得的分配。所得分配較平均時，國民所得中受消費傾向遞減而被用於儲蓄的部分就會較少，因為有更大份額可用於消費所以就可以有更強的需求推動經濟成長。財富分配較為平均時，會降低很多土地剝削的程度，一般民眾的收入可以減少很多耕地租金、住房租金、店面租金等的支出，有比較多剩餘可以用於消費支出，同樣可以為產業發展提供較大需求來源，而造就較高的經濟成長。並且當財富分配較為平均時，高所得族群主要收入來源的資本所得（地租、利息、股利）跟一般民眾的差距也會縮小，除了可以達到改善所得分配效果外，也可以減緩財富集中速度，而能維持較長期穩定的經濟發展。就例如臺灣戰後初期的土地改革，為日後成功的經濟發展奠定了良好基礎。又如 1980 年代之後的中國大陸，在土地國有化基礎上，其推行的改革開放政策取得驚人成績。這些案例的成功除了各種主客觀條件配合外，財富分配的相對平均會是一個很重要的關鍵因素。

　　資本對經濟成長的影響，資本存量並不是一個重要因素，財富的分配情形才會有更關鍵影響，因為資本存量只是提供經濟成長的可能性，累積的資本要能充分發揮其產能，最重要的是必須要有需求面配合，而財富分配越平均，就越可以長期維持較高的消費需求，推動經濟持續成長。當經濟持續成長時就會進一步創造財富的持續增長。正如通論中所提到的：

　　「資本的存在並不是為儲蓄傾向所導致，而是源於它對實際的和將來的消費造成的需求的反應。」（通論第二十三章第七節）

4-5 貨幣、公債及通膨與經濟成長

　　二戰結束以來至今七十餘年的經濟發展，有一個很顯著的現象，那就是這期間的國民所得、資本存量、貨幣供給額、物價指數、公債餘額等這些總體經濟變量都共同呈現長期穩定增長的趨勢，這是因為他們之間都有很密切的相互因果關係，而產生出的螺旋式相互拉抬現象。

貨幣與經濟成長

　　一般來講，隨著經濟規模擴張，經濟體對貨幣的需求也會成長，這是因為配合更大的經濟規模，需要有更多貨幣供流通交易使用。除此之外，財富的集中也是貨幣需求成長的原因之一，經濟成長過程中，資本家的財富經由各種資本所得持續累積，所累積的財富除了股票、房地產、債券外，當然也包含不少現金存款。資本家所累積的存款資產必須是由經濟體其他成員所移轉而來，經濟體其他成員於消費活動過程中逐漸以自有資金或舉借債務將存款移轉支付給資本家，成為資本家的財富。當其他成員是以增加債務的方式來達成企業家累積存款的活動時，經濟體的貨幣供給額就會有所增長，因此隨著資本家

貨幣資產累積，貨幣供給額自然也隨之增長。而當貨幣供給額增長致市場資金緊峭，貨幣乘數不易再擴張時，央行會釋出基礎貨幣，提供金融市場所需的流動性，這些貨幣的增長不只是為了配合經濟規模擴張交易媒介需求提高而增長，還需因應人民貨幣儲蓄的累積而配合增長。

央行釋出貨幣，人民財富看似因此而增長了，但其實貨幣的成長，不僅經濟體整體財富並沒有因此而增長，甚至貨幣持有者的財富也並未因此而變動，因為這都只是科目轉換而已。央行釋出貨幣是以購買資產的方式釋出，經濟體其他成員取得這些貨幣必須移轉等值資產給央行，這一個交換動作並不會影響各自財富淨額，也不會成為民間增長的財富。民間財富的擴張早在政府舉借公債並透過公共支出移轉到民間時，就已經增長了。當政府舉借公債時，政府負債規模會增加，政府將舉債籌得的資金移轉支付給民間，民間財富淨額就會因此增長。當央行以購買公債釋出貨幣時，就政府來講是將財政部門的負債科目轉換成央行部門的貨幣科目，兩者都是政府負債；就取得貨幣者來講，是將公債債券資產轉換成現金存款資產，資產總額不會改變，因此這個發行貨幣的動作，並不會對相關成員的財富總額有所變動。

基礎貨幣的主要功能就是提供金融市場所需流動性，由基礎貨幣繁衍出金融機構裏的貨幣總供給，供應經濟體交易使用及價值儲藏所需。基礎貨幣的功能除了提供金融市場所需流動性以外，另一作用也可作為調控利率的工具。當央行釋出較經濟活動所需更多的貨幣時，貨幣槓桿乘數低，市場資金寬鬆，金融機構會有較多閒置資金無法有效利用，會引導利率下滑。當央行收回貨幣時，貨幣乘數會相對擴張，銀行準備金提存率

降低,造成市場資金緊峭可供放款資金減少,會引導利率上漲。因此央行會運用貨幣的收與放調節資金供應量,以達到控制貨幣利率、調控經濟發展節奏的政策目標。這一部分的貨幣發行有時收、有時放,長期而言影響性是中性的,因此貨幣的長期變動主要還是隨著經濟發展過程中,交易使用及價值儲藏需求的增長而增長。

公共債務與經濟成長

資本家累積的財富大部分是由經濟體其他成員移轉而來,但是一般民眾的既有財富或舉債所能供應者都有限,只有政府才能較不受限制的舉借公共債務。經濟發展過程中除了資本家財富持續擴張,一般中產階級也都能有逐漸累積的存款,整體來講民間的存款淨額也是呈現持續增長趨勢。經濟發展過程中,資本家集中財富需要有資金來源,中產階級累積存款也需要有資金來源,所以他們所持續累積的存款金額,就只能是由政府持續舉借債務所創造出的資金來供應。公債大部分由金融機構購買持有,金融機構承購公債時將資金撥給國庫,創造出一筆國庫存款,政府將這些國庫存款支用出去時,就會轉成個人或廠商的一般性存款,因此公債雖大個部分由金融機構持有,但這創造出來的財富實則由經濟體各成員分別持有。現代政府的舉債措施幾乎已成常態,不只是經濟危機時印鈔救市,平時也經常採赤字預算政策,對公債規模的態度也不是以償還為目標,而是以將債務餘額控制在 GDP 一定比例之下為目標。因此這些公共債務就成為民間財富的來源,由金融機構對政府持有公債債權,一般民眾及資本家再對金融機持有存款債權。

以美國為例,至 2018 年聯邦政府公債餘額已超過 20 兆

美元，而且還在持續累積中，如果均分給世界所有 74 億人的話，平均每人會有 2700 美元的債權資產，但現實世界有錢人只是極少數的族群，根據一些組織機構估計全球百分之一的人約佔有全球半數的財富，以此估算，美國公債餘額的半數 10 兆美元由全球百分之一的 7400 萬人口所持有，美國國債為這群有錢人平均每人提供 135000 美元（約 400 萬臺幣）的財富來源，而且不只是美國，也不只是中央政府，全球的中央政府及地方政府到處都存在著龐大公共債務，如中國大陸、日本、歐盟等。由這些現象就可看出公共債務對民間資產增長的巨大效果，因為有公共債務的不斷擴張才能創造民間財富的快速增長，也可以說全球民間金融淨資產大部分是由全球政府的公共債務所構成的。

政府部門為了要穩定經濟發展所採行的財政擴張政策，主要作用是在填補從經濟活動循環中流出被儲蓄的貨幣，以維持循環流量、穩定經濟發展。政府必須持續舉借債務，再以公共建設、公共服務、移轉支付等方式將這些創造出來的資產移轉給社會大眾，企業經營才有充分的需求做支撐，才可以持續獲利及進一步投資帶動經濟持續成長，因此可以說公共債務成長與經濟成長是互相拉抬、互為因果的關係，隨著經濟的發展、資本家財富快速累積及一般中產階級財富逐漸增長，公共債務餘額也會因此配合增長。

通貨膨脹與經濟成長

通貨膨脹的字面意思是指貨幣發行量擴張，一般則專指商品勞務名目價格普遍性上漲現象。通貨膨脹與貨幣數量及公共債務數量有高度正相關，所以經濟成長帶動貨幣及公共債務增

長的同時，會連帶拉升物價指數上漲。溫和通貨膨脹通常對政府來講是一件利大於弊的事情，因為通貨膨脹會降低貨幣實質價值，對債務人有利，而全球最大債務人就是各國政府，通貨膨脹具有降低政府實質債務效果。溫和的通貨膨脹雖然會引起一些民怨，不過在數十年的常態性通膨後，大多數人都已習慣通膨現象存在，溫和通貨膨脹並不會衍生其他信心危機或社會問題。

通貨膨脹使名目 GDP 提高，名目稅收也會一起增加，而名目債務不變，因此提高了政府償債能力，等於實質債務下降，也等於是政府課徵通膨稅的性質。溫和通貨膨脹對政府財政的助益可以用二戰之後美國公債額餘及佔 GDP 比率的變化做說明。二戰期間，美國政府因應龐大戰爭費用需求，總共增加舉借了 2100 億美元的聯邦政府債務，二戰結束時 1945 年底聯邦政府債務餘額為 2600 億美元，這在當時來講是一個天文數字，佔當時國內生產毛額的 114%。戰爭結束後，美國政府雖努力健全財政，但也無餘力償還這些負債，因此到了 1950 年年底聯邦政府債務餘額仍約為 2570 億美元，但同期間其名目國內生產毛額已從 2282 億美元提高到 3002 億美元，政府債務餘額佔 GDP 的比例也從 114% 下降到 86%，這期間美國政府雖沒有清償這些債務，但五年之間實質債務已經減少將近三成。之後美國政府債務又開始持續往上累積，到了 1980 年聯邦政府債務餘額累積到 9300 億，但是佔 GDP 的比例卻可以下降到 32%，已經回到二次大戰前水準，可以說二戰期間所累積的龐大債務就是由通貨膨脹所抵消的（圖 4-5、圖 4-6）。

政府的舉債通常也會受到財政紀律或大眾輿論約束，當債務越高時，再繼續借款就會出現越大的反對聲浪與阻力，而

圖 4-5：1940-1980 美國公債餘額變化圖

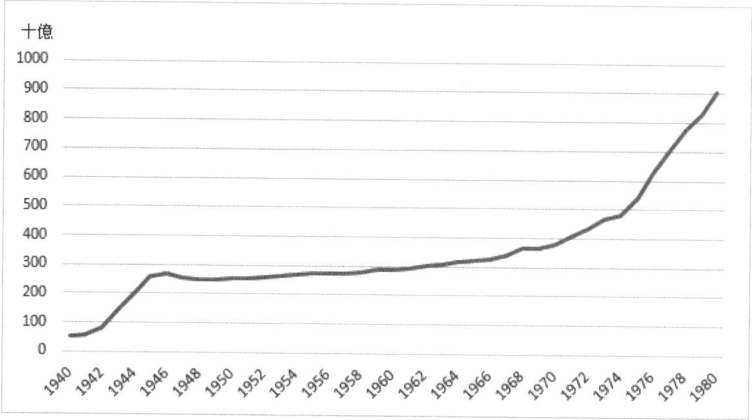

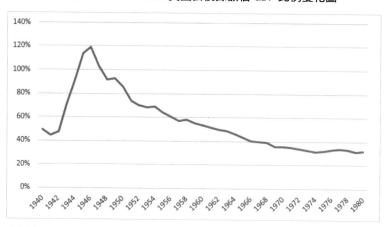

資料來源：美國財政部，圖表筆者整理。

圖 4-6：1940-1980 美國公債餘額佔 GDP 比例變化圖

資料來源：美國財政部、商務部，圖表筆者整理。

當通膨調整使實質債務降低時，政府當局就可以較順利繼續舉債。經濟發展時時需要政府公共資金補充，而政府的財政擴張政策必然會形成債務累積，當政府債務攀高時，因為通貨膨脹的影響又可以適時降低實質債務負擔，就可以取得繼續舉債的空間。經濟發展遇上瓶頸時，總是會由政府採行擴張政策以回復經濟持續成長，這會形成公共債務及貨幣發行的增長，經濟成長以及公債累積又會刺激通膨帶動物價上漲，這又可降低政府實質債務使政府取得繼續舉債空間，而可以繼續採行擴張政策推動經濟成長，如此相互拉抬，形成戰後至今這些總體經濟變量共同持續穩定向上成長的現象。

財政擴張政策效果的弱化

前述國民所得、公共債務、貨幣發行量與物價指數等經濟變量相互拉抬向上成長的現象，到了本世紀之後似乎逐漸出現出現了一些變化，它們雖然仍都是呈現向上成長趨勢，但成長的速度卻出現了一些差別，其中貨幣與公共債務的增長速度有加快傾向，而經濟成長率與物價指數的成長速度則是趨緩了，使得公債餘額佔 GDP 比率因此而不斷的攀高，這些現象也與財富的集中有很大關係。以通膨速度趨緩的現象來講，通貨膨脹的主要因素是過多貨幣追逐少量商品而使物價上漲貨幣貶值，當財富趨向集中時，代表政府擴張政策所創造的資金大部分都進到富人手中，因此這些財富就會有比較大比例被儲蓄起來，雖然政府大量釋出貨幣及公債，但是並沒有用在對商品的追逐上，也就不會對商品價格產生比較大的影響。

政府的擴張支出對經濟發展有乘數效應，乘數效應的強弱會受到儲蓄傾向影響，假設經濟體所有成員的儲蓄傾向皆為

20%，則 1 塊錢公共支出可以產生 5 塊錢的 GDP 增長效應，如果經濟體成員的儲蓄傾向為 25%，則 1 塊錢公共支出只能產生 4 塊錢的 GDP 增長效應。儲蓄傾向會隨所得的增加而遞增，所得分配又與財富分配有很大相關，當財富越集中時，富人同時也可以取得更高比率的資本所得，此時當擴張政策所增加的公共支出投入到經濟體時，也會被富人取走更高份額，而富人的高儲蓄傾向就會弱化這一部分擴張政策支出所希望帶動的政策效果。也就是說，財富更加集中之後，富人累積的更多財富令其以錢滾錢的速度也更加快速，國民所得中資本報酬分去了更大份額。財富累積到富人手中後較難增加其消費以產生乘數效果，政府擴張政策所灌注的資金很快就被富人所吸納囤積，政策效果短而弱，必須不斷地灌注資金才能勉力維持景氣，更遑論成長。因此二戰結束後初期，整體經濟的經濟規模、國民所得、公共債務與通貨膨脹等在相互帶動的螺旋式上升過程中，在政府部門控制下大致上可以保持動態平衡。但是近期以來，因為財富的集中使得公共支出對 GDP 的帶動效益逐漸遞減之下，這種平衡愈來愈難維持，使得現階段世界各國政府的公共債務對 GDP 比例都有逐漸失控傾向，如圖 4-7、圖 4-8 所示，美國政府為了因應金融海嘯的振興經濟措施，2008 年後債務佔比大幅攀升，至今其債務相對規模已接近二戰戰費支出最高峰時期。

圖 4-7：1980-2016 美國公債餘額變化圖

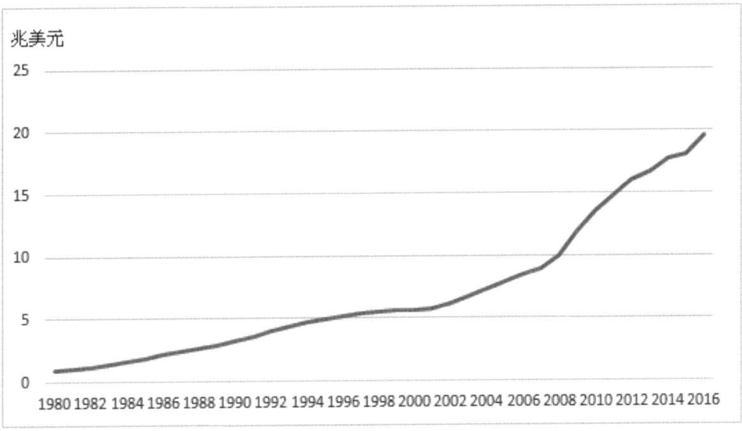

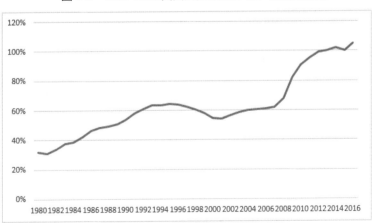

資料來源：美國財政部，圖表筆者整理。

圖 4-8：1980-2016 美國公債餘額佔 GDP 比例變化圖

資料來源：美國財政部、商務部，圖表筆者整理。

4-6 經濟發展原理的延伸思考

　　經濟體內的生產活動由經濟體的成員分工完成，經濟體的生產成果由經濟體的成員分配使用，經濟體內的勞務分工與資源分配以財富存量、能力特質、要素所得及商品價格安排決定勞務分工位置與商品消費數量，經濟產銷活動如此不停循環運行，過程中貨幣扮演重要的媒介功能。生產活動的要素所得是以貨幣的形式分配給要素提供者，要素提供者再以貨幣交換所生產商品，其中總是會出現有些貨幣被少部分人所囤積，造成流通貨幣稀缺無法全數消化正常產能，而引發經濟衰退之現象。因為邊際儲蓄傾向遞增的心理法則，所得分配越平均，就越能維持較少的貨幣被囤積，也就越能維持經濟穩定運行，反之所得分配越不均，就會有越高比例的貨幣被囤積，也就越容易引發經濟衰退反應。現行體制下分配不均無法避免，財富總是向少數人集中，貨幣總是逐漸地被囤積，因此經濟情勢經常出現不穩定的狀態，而政府的擴張政策，也就成為應對經濟不穩定的必要措施，用以補充經濟循環中因為被囤積而流失的貨幣，政府對經濟循環中貨幣的補充主要是以公共債務擴張為主，必要時再將公共債務轉換為基礎貨幣。

經濟體生產成果的分配，如果勞工工資高、商品價格低，那麼一般民眾就可以有較高消費能力，景氣就可以維持較長期繁榮，而且資本家利潤較小，財富集中速度會較為緩慢，公共債務就無需過度膨脹，公共債務的規模若能控制在不超過經濟規模擴張的速度下小幅度增加，經濟形勢就可以較健康穩定地發展；反之如果政策向富人做過多傾斜，致使勞工工資低、商品價格高，那麼一般民眾無法有足夠的消費能力，需求疲弱，經濟景氣很容易就會陷入衰退困境，甚或形成更嚴重的危機蕭條事件，需要政府不斷地注入龐大資金，才能補充被資本家及富裕族群快速囤積的貨幣，才能維持經濟情勢的穩定，但這顯然不是一個可以永續的發展模式，最主要的問題就是通膨的隱憂。溫和通膨有助經濟成長，也有助政府緩解債務壓力。但是萬一發生惡性通膨則受害的不只是現金持有者，還有可能導致社會經濟活動陷入失序局面，民眾消費活動混亂，廠商生產失序，商品供應不足，人民生活嚴重受到影響，甚至出現動亂局面，這些情況出現的機率雖然極小，但也不能完全排除。近數十年來，所得不均持續擴大，因此各國政府公共債務規模也都不斷攀高，美國聯邦政府債務佔 GDP 比率已逼近二次大戰時期的歷史最高水準，當政府債務規模仍在不斷膨脹時，通膨會在什麼時候以何種形式出現，無人可以預料。

以現實情勢來看，通膨的威脅遠在天邊，經濟穩定的需求迫在眉睫，執政者當然會選擇解決眼前必須馬上解決的問題，需要舉債時總會放手去舉債，至於債務累積所可能引發的問題就留待以後再說，因此公共債務的持續膨脹似乎也成為資本主義制度的宿命之一。歸根究柢，會如此發展的原因還是來自於財富的集中，因為少數人不斷累積大量財富，所以必需要政府

不斷創造資金來供應富裕族群持續累積財富的需求；因為一般大眾所得微薄消費需求疲弱，所以必需要政府不斷創造資金來補足一般大眾疲弱的消費需求。因此，如果有心要改善政府債務膨脹的問題，根本的辦法還是只能從控制財富集中的方向著手才會有效果。

數百年來，科技發展與資本主義制度的共同推動，使人類生活水準獲得空前提升，尤其是最近一個世紀以來的發展更為顯著。我們現今的社會正在經歷著人類有史以來改變最劇持續最久的經濟成長，目前還在持續之中。這可以說是一項奇蹟，現代總體經濟學的主要課題之一，就是希望找到這項奇蹟形成的原因，並且可以讓這項奇蹟永遠持續下去。經由本章的分析這項奇蹟的原因已經有了解答，因為當經濟體需要資金的時候政府總是會毫不猶豫地創造資金灌注到經濟體內，有了源源不絕的資金灌注，經濟也就得以源源不絕的成長。如此看來，讓這項奇蹟永遠持續下去的願望似乎也不困難，唯一要擔憂的就是通膨的威脅。

但是就算掌握了成長，也控制了通膨，我們的經濟體制要面對的還有更棘手的問題，那就分配不均的貧富差距問題與過度消費的環境破壞問題。如果不論經濟如何成長，底層民眾的拮据與辛勞都沒有絲毫改善，那這樣的成長又有何意義？無限制的消費成長等於是在無限制地侵蝕我們的生存環境，在物資供應充沛的先進國家中，社會普遍存在的是肥胖過度的問題，而非營養不良的問題，打開衣櫃煩惱的是衣服太多而不是衣服太少，在富裕的現代社會中，大多數人是消費過多而非消費不足，都已經消費這麼多了，又何必非要再消費更多不可。想要將手機的汰換率從兩年一換成長到每年更換，或想要將汽車的

普及率從每戶一輛成長到每人一輛，理論上生產能力都有辦法達成，問題是我們的地球負荷的了嗎？在掌握了成長的機制，駕馭了經濟的不穩定性之後，貧富差距還在持續擴大以及環境傷害還在不斷加深才是我們真正急迫需要解決的問題。而在認清財富集中是影響經濟發展的關鍵因素之後，如何運用這些原理來對資本主義的各項缺陷做有效修補，是後續要努力思考的方向。

第五章　美國近代重大經濟
事件發展因果解讀

5-1　1920 到 1930 年代的繁榮與蕭條

　　18 世紀中期法國重農學派創始人魁奈曾對當時的經濟活動做過一些整理，在其名著經濟表中描述了當時社會的商品生產與流通交換概況。該經濟表將王國內分成三個部門，農業部門（包含自營農場主及僱傭工）、工商業部門（包含經營者及工人）、地主（包括傭僕），每年期初農業部門及工業製造者有初始資金若干，用以購買生產原料、交付租金等以進行當期生產活動。各部門生產成果互相交易後，每年期底約略可以剩下與初始資金等量的結餘，如此在經過一整年的生產、交換與消費活動後，下一年度開始又會有等量的期初資金，洽可繼續供下一年度生產活動的週轉資金所需。這樣一個年度生產與交換結束後，同樣的生產與交換又可以再進行，國家就在此種平衡狀態下，每年循環的進行財富再生產。

　　工業革命之前，技術尚未有突破性發展，地主及廠商沒有超額利潤也不容易有資本累積，產出分配給業主及勞動者後他們全部用之於消費及補充折舊，沒有淨投資。各項食衣住行生活用品，須要所有人的勞動共同完成，失業問題並不嚴重。地主及企業主賺得多用的多，佃農及勞工賺得少用的少，每個人

所得報酬大致上等於生活支出，財富分配沒有太大變化。因此當時的社會學者或經濟學者所觀察到的就是這樣一幅相同流量循環運轉的經濟活動景象。只有當遭遇到天災、戰亂等外來衝擊時，才會破壞這種穩定循環，少有因經濟活動本身失衡所造成的經濟衰退或景氣波動。

　　工業革命之後社會生產與民眾生活型態發生了巨大改變，經濟發展歷程也呈現完全不同樣貌。到了 20 世紀之後，美國逐漸成為引領世界經濟發展的龍頭，其對國際的影響遠高於國際對她的影響，是帶動現代全球經濟成長的原動力。在某種程度上可以將美國現代經濟發展歷程看做是世界經濟發展的縮影，因此對美國經濟發展歷程的分析探究，既可有助進一步釐清現代世界經濟發展的內在運行機制，也可與第四章所論述的景氣循環及經濟成長原理相互印證。

　　18 世紀工業革命以來，生產力的成長數以千百倍計，但是直到第一次世界大戰之前這些生產力的增長並未對一般民眾日常生活產生太大影響。在一戰之前，一般民眾的生活型態較大的改變可能就只出現在旅行運輸方式的變革，火車、汽輪的出現大幅提升當時人們遠距離移動的便利性與舒適性。除此之外，生產方式的增長變革只是為資本家累積更多財富，並沒有減輕一般人的工作負擔，現代社會所習以為常的電燈、有線電話、收音機、電風扇、冰箱、洗衣機、電影、汽車等生活及休閒用品雖然大多已經出現，但都還只是極少數人的奢侈品，還沒有普遍為廣大民眾帶來生活的改善，直到一次大戰之後的 1920 年代，這些創新發明才對人類的生活型態產生結構性的重大變革。

　　在一戰之前馬車還是主要的代步工具、夜間仍然點媒油燈照明、遠距聯絡主要還是使用郵寄信件，一戰結束後到 1930 年之間，電燈逐漸取代媒油燈，汽車日益普及成為一般民眾代步及休閒工具，洗衣機、冰箱、吸塵器、電風扇、電熨斗、收音機、留聲機也都陸續進到美國家庭的日常生活中，這些家用電器為美國家庭帶來輕鬆的家事工作、舒適的家居生活以及豐富的休閒活動。在一戰前，基礎工業的發展重心在冶鋼、煉油、鐵路等重工業及運輸設施，民生消費品產業則仍集中在紡織、食品加工、木材加工等基本需求產業，到戰後，汽車製造、汽車修理、加油站、旅館服務、各類電器用品產業、電臺廣播、電影製作、電信服務等眾多新興製造業及服務業的高速發展，都對產業結構產生了重大的改變。

　　1920 年代的美國之所以能有這些發展，最主要當然還是要歸功於技術的進步。第二次工業革命的電力發展使生產方法及生產效率又再進一步提升，電力普及給家電用品的發展提供了基礎。19 世紀末所陸續出現的創新商品，技術也更臻成熟，達到可以大量商業化發展的條件，資本家乃大量投入資金在這個新領域追求利潤。但是除了技術進步之外，還是要有其他各種主客觀條件的配合才能夠提供眾多新興產業進一步發展的空間。

　　1920 年代眾多新興產業的出現理應會增加很多新的勞動需求，可是在當時並未出現勞動短缺的情形，因為舊有產業如農業、紡織業、食品加工業等其供給已達飽合沒有增產的空間，而生產技術與生產效率仍在不斷進步，因此會有過剩的勞動力釋出，此時汽車、家電等產業的發展剛好吸納了這一部分過剩的勞動人口。這種完美的配合使技術進步所帶來的效率不只為

農業、紡織等舊產業節省成本，也為汽車、家電等新產業提供源源不絕勞動力。

新商品的成功除了技術、資本、勞動供給外，還需要有市場。新商品的成功除了商品本身符合消費者需求外，還需要有夠多的人買得起，才能支持這個產業的發展。1920 年代同時湧進的大量新商品能夠在美國順利推廣擴張，這可能跟美國的特殊歷史背景有關。十七、八世紀以來北美新大陸上的移民在該片尚未被壟斷的土地上墾殖拓荒，地廣人稀大多數人都能擁有自己的土地，直到 19 世紀下半期的宅地法案措施，仍然還有大量的土地可以撥交給墾荒者，這些轉為私人產權的土地尚未經過長期兼併，產權還很分散，土地剝削的情形也相對較輕微，個人所得不用交房地租而有更多的結餘可以儲蓄。經過數世紀辛勤累積，很多人都能擁有不錯的資產，財富分配遠較歐洲舊大陸來得平均。基層民眾的財富普遍高於歐洲的基層人民，整體消費能力、消費需求也就高於歐洲大陸，這種特殊條件恰好提供了眾多新創商品更肥沃的發展土壤。

新產業的發展有了豐沛消費能力做基礎而得到生根茁壯的機會，並且也創造不少人力需求，讓更多工人增加所得可以再到商品市場增加消費，又再進一步擴張市場規模，良性迴圈造就初期的繁榮。新產業自己本身的生產技術也不斷精進，效率提高的同時也會將節省的成本反映在售價上造福更多消費者。以汽車產業為例，1908 年福特公司生產的 T 型車只要八百多美元，已比同期其他車種便宜一半以上，隨著流水線生產方式的成功，大批量生產使成本大幅下降，到 1910 年代中期 T 型車售價已降到 400 美元，到 1920 年代 T 型車的最終售價更下降到 300 美元以下，已達到普通工人都可以買得起的程度，親

民的價格使產業規模得以飛速成長，到 1929 年全美汽車生產
量達 530 萬輛，人均銷售量對比於今日已相當接近。因商品普
及而受益的不只是產業本身，還帶動上下游週邊產業的發展，
汽車的普及使鋼鐵、橡膠、零組件、銷售、維修、加油等產業
都同時得到快速成長。

　　1921 年至 1929 年間全美國民所得增長將近一倍，在各
行各業蓬勃發展、經濟成長的過程中，更高的所得代表更高的
支出，先有更高的支出才能成就更高的所得。當社會大眾把儲
蓄拿出來增加消費，就會推升國民所得的往上成長，但是相對
的本身的儲蓄也會減少一些，而削弱了日後再次成長的動能。
消費支出當中有一部分會成為從業人員的薪資，再度回到經濟
活動循環中，繼續支撐消費。但是必然也會有另一部分成為資
本主的利潤，而被儲蓄起來或用於投資。假設企業資本主將利
潤儲蓄起來，那麼一般民眾手中的財富勢必越來越少，而漸漸
無法維持原有的消費能力，一般民眾消費支出逐漸縮減的情形
下，經濟情勢就會走向衰退；假如資本主將利潤用於投資，雖
然能將貨幣再度轉入一般民眾手中，整個消費循環內能保持原
有的貨幣規模，但是增加的投資勢必要依賴一般民眾增加的消
費才能維持，而一般民眾手中的貨幣只有持平，並沒有增加的
貨幣可支撐增加的投資，當資本主增加投資而無法得到預期回
報時，勢必縮減或停止投資，最終仍會導致經濟發展停滯落入
景氣衰退迴圈。

　　1920 年代中期原本可能趨緩的經濟榮景，因為以下的一
些發展而又再進一步擴張：一、廣告與推銷等新型態的銷售模
式，大力助長商品的去化，卻也似乎要擠壓出一般民眾的每一
分儲蓄。二、分期付款制度也在此時因應而生，再度促進汽車、

洗衣機、冰箱、傢俱、珠寶等高價消費品的新一輪銷售擴張，這讓企業主不用提高薪資、不用降低售價，而能持續擴張商業規模。三、繁榮的景氣、暢旺的銷售自然成為帶動股票市場上漲的最佳動力，股價上漲又吸引更多期望股價會繼續上升的股民投資股票，在投機買賣下進一步推高股價，股票上漲結果增加許多人的消費能力，並且又成為推動景氣繁榮的另一股力道。多重因素推動下景氣成長的力道延續到 1929 年。除了技術進步及設備累積外，資產價格增值（股價指數從 1921 年的 75 點飆升到 1929 年夏的 381 點）與信用擴張（除了大量分期付款購物外，還包括商業融資、股債市融資等）也都是推升景氣繁榮的重要因素。

　　1920 年代的繁榮在 1929 年 10 月華爾街股災之後產生戲劇性的反轉變化，之後另一個十年出現的是大蕭條的苦難以及在大蕭條泥淖中奮力脫身的經濟處境。大蕭條的衝擊使工商企業及銀行大量倒閉，表現在經濟數據上的是，GDP 從 1929 年的 1046 億美元下降到 1932 年時的 595 億美元，在大蕭條最嚴重時期，失業人口從 150 萬人增加到 1210 萬人，失業率高達 25%。有一些對大蕭條期間社會景象的典型描述：

> 「失業的工人在食物上盡量節省，舊衣服補了又縫，縫了又補。有的家庭不能如期付款，甚至於先買的收音機、車子和房屋也無法實現。因此，人民就失去了車子和房子。付不清房租只好空出房屋來。」（程國強，《美國史 1901-1985》，臺北：華欣文化，以下同）

> 「成千上萬的人們不分日夜的靜坐在公園，沒有工作、沒有希望。在紐約、上萬的人民無家可歸，整個冬天居住在地下鐵道中，因為比睡在公園要來得溫暖。」

「更有些男人流浪天涯，以求獲得一席棲身之處。」

「所到之處有三條線在排隊等候：等候申請工作，等候領取救濟的食物，以及等候領取所捐獻而來的衣服。」

從繁榮到蕭條，身處其間的人很難理解在沒有天災、沒有戰亂太平年代之下，何以出現如此戲劇性的轉折！事後回顧對整起事件成因的探討也是眾說紛紜。有關對大蕭條成因的探討，比較被大多數人認同的還是凱因斯學派的需求不足理論，認為因為恐慌的出現和信心的喪失使人們不願意消費，廠商也不願意投資，經濟下滑與通貨緊縮又進一步削弱信心與需求，使經濟持續下滑、失業率持續攀高。貨幣主義者則認為錯誤的貨幣緊縮政策惡化經濟環境，將普通規模的衰退推向大蕭條的災難。有許多經濟學家主張國際貿易的保護政策，也導致經濟情勢的進一步惡化。也有人認為 1920 年代寬鬆信貸、過度借貸與資產泡沫導致債務違約、銀行倒閉、通貨緊縮等，將 1930 年的衰退演化成 1930 年代的大蕭條。還有一些感嘆式的說法稱是因為 1920 年代的過度繁榮導致必須用 1930 年代的過度蕭條來補償！這些觀點可能都解釋了造成大蕭條的一部分原因。

綜合前述各種理論，再加上本書第四章所闡述財富集中必然降低整體消費能力並導致經濟衰退的觀點，可以重新整理整起事件的簡單因果。1920 年代初期經濟繁榮發展階段，企業賺取利潤累積財富，一般民眾則快樂消費但逐漸流失財富，這是一個緩慢漸進的過程。1920 年代中期企業的規模及產量還在持續擴張，股票價格上漲名目財富增加繼續提升投資人的消費能力，也有更多人用分期付款來擴大自己的消費並支撐企業得以繼續增加投資，這些擴張都替有可能因為技術進步效率提

升而失業的工人繼續提供賴以養家活口的就業機會。1920 年代後期財富的集中使消費能力已無法再維持，股票上漲遠遠超過基本面，資產再增值的空間已有限，消費需求逐漸縮減，供給與需求的失衡逐漸擴大。企業無法再擴張而失業人口也由 1926 年的 15 萬人增加到 1929 年的 150 萬人以上。1929 年初秋，報紙的金融版面已經充滿對銷售疲弱的憂慮與失望，然而這種終必走向衰退的結構性因素並不易為人所查覺，銷售的短暫衰退並不意味就此一蹶不振，大家都期待明天會更好，資本市場依然一片樂觀，直到 1929 年 10 月股市崩盤，樂觀的情緒才驟然反轉。

　　股市的崩盤在這個時間點出現，或許是一個偶然，但在不理性上漲之後終將拉回修正，卻是一個結構性的必然。繁榮時期受惠於股市上揚，經濟景氣得以延續更長期的成長，在繁華過盡景氣終將反轉之際，股市的挫跌卻成為引爆蕭條危機的炸藥引信。1920 年代中期因為信用擴張及股價泡沫過度膨脹使成長一再延續，這些助漲景氣的力道在股市崩盤後驟然消失，股市泡沫所膨脹的消費力瞬間萎縮，消費需求快速縮減。股市暴跌致使靠著資產價格泡沫而虛增的財富破滅消失，股票持有者財富大幅減損，特別是以擴張信用購買股票的投資人損失加倍慘重，儘管股市暴跌最初影響到的只是企業大股東及股市投資人等相對富裕的族群，但這些人原本擁有著大量消費力道，股市崩盤泡沫破滅令其許多人消費能力瞬間急凍，其他人雖還有一些消費能力但在前景悲觀下也是能省則省，奢侈品和耐用品如果沒有緊迫的日常需求就會被延期，新車購買與家電添購計劃取消，出遊旅行與影院看戲的次數減少，這些相對富裕人士的消費緊縮，衝擊企業使原已疲弱不振的產能利用率更加下滑，削減廠商利潤以及從業工人收入，一般民眾收入的減少又

再一步降低整體的消費能力。情勢的惡化迅速而猛烈，1930
年國民所得較前一年衰退了 11.9%，光是汽車的生產量就較
1929 年減少 200 萬輛，銷售嚴重下滑的風暴中，為了提振信
心，政府雖強力要求大企業不減薪、不裁員，也獲得大企業的
承諾，但這些承諾都註定無法實現，少數企業保持高工資並無
法維持整體的需求量，銷售持續下滑企業虧損下，不裁員減薪
就只能倒閉，最後大企業仍然加入裁員減薪的行列。1930 年
的失業人數來到 430 萬人，較前一年增加 280 萬人。股災的影
響立即引爆了這一場蕭條危機。

　　面對兇猛而來的不景氣，政府一些試圖扭轉不景氣的政策
措施卻可能產生適得其反的效果。為了減少國外貨物競爭，高
關稅政策卻引來全面報復，使美國 1929 年到 1932 年的出口
金額減少七成，貿易順差不升反降。貨幣緊縮政策使銀行倒閉
的問題無法改善，存款人蒙受損失，資金需求者難以申貸新款
項，貨幣供給額 M2 在 1929 年至 1932 年間縮減了 1/3。這些
政策雖不是關鍵性因素，但對蕭條景氣的惡化都產生了推波助
瀾的作用。

　　美國以前也曾經歷過不景氣，但此時沒有人意識到這次不
一樣。早期生產過剩的紡織、食品、家俱、建材等民生用品無
論如何會有其基本需求量，1930 年代生產過剩的汽車、家電、
電影、旅館這些商品在 10 多年前都還不存在一般家庭裏，當
越來越多人連食物、衣服都消費不起的時候，這些新商品的需
求削減只會越來越嚴重，不會有任何支撐；在早期的生產過剩
可以用時間、產量及價格的調整來化解，1930 年代的生產力
又往上翻了數翻，產量及價格的調整已無法化解人力或產能的
過剩；在早期有超過一半的農業人口，不景氣時代許多人還有

住在農莊的機會，還有食物可以吃，1930 年代有將近 8 成的非農勞動人口，必須依附工廠才能賴以維生；早期移民還有廣闊的邊疆可以開墾，1930 年代的工人必須要有工作才能養家活口，一旦長期失業，收入、住所、用品甚至食物都一無所有。早期的衰退或許大多只是因信心不足而延遲消費的問題，1930 年代的衰退，一般人民的財富已在 1920 年代的繁華中消耗殆盡，接下來僅憑工資所得必然無法滿足企業經營繼續累積利潤的需求，沒有外來資金補充，光憑信心無法生出實質的消費能力，光憑信心無法扭轉不斷惡化的經濟情勢。

舊觀念無法解決新型態的問題，應對不景氣的衝擊，政府雖也試圖以公共預算創造一些就業機會，但是在金本位制及平衡預算的傳統觀念束縛下，所能提供的資源非常微薄，1929 年到 1932 年聯邦政府支出分別為 32 億、34 億、36 億及 45 億美元，同期間政府負債從 169 億只微幅增加到 195 億。主要當時一般都認為不景氣只是經濟週期中的一時現象，不久就可自然恢復，因此救市措施非常保守，沒有額外的資金灌注到經濟活動循環中，衰退程序的惡性迴圈只得繼續發展，1930 年經濟衰退 11.9%，GDP 降至 922 億美元，失業人數較前一年增加了 280 萬人，共有 430 萬人失業。失業人數增加使需求進一步減少，需求減少使產出繼續削減、失業人數繼續增加，1931 年經濟衰退 16.1%，GDP 降至 774 億美元，失業人數較前一年又增加了 370 萬人，有 800 萬人失業。衰退的迴圈又繼續發展，1932 年經濟衰退 23.1%，GDP 降至 595 億美元，失業人數較前一年又增加了 410 萬人，有 1210 萬人失業，幾乎每 4 個人之中就有一人承受失業之苦。

1933 年起，在羅斯福新政措施下，蕭條的情勢沒有再惡

化，但也回復緩慢，有鑑於平衡預算政策的無能為力，新政立即廢除了金本位制為貨幣寬鬆及政府舉債提供較廣闊空間，並以赤字預算進行大規模的公共建設及公共服務，從種樹、挖溝、造路、築橋到興建機場、港口、水利設施、學校、醫院、公園、航空母艦等，都快速的開展推動，為失業工人創造數百萬工作機會，也留下無數有用的公共設施造福後人。新政初期，聯邦政府的年度支出就超過 1930 年的兩倍，其中一半來自於舉債。從 1933 年到 1937 年間，聯邦政府債務餘額總共增加了 169 億美元，平均每年赤字 42 億美元，將近國民所得的一成。這些資金投入到經濟體內，創造大量工作機會，工人有了收入來源，可以支付基本的生活開銷如食物、衣服、房租、家具等，使相關產業的經營獲得喘息機會，中止了衰退迴圈的繼續發展，但似乎還不足以觸動成長迴圈的開啟。從 1932 年到 1937 年 GDP 由 595 億美元成長到 930 億美元，失業人口由 1210 萬人減少到 770 萬人，但是當 1937 年聯邦政府試圖再採取平衡預算政策，減少或停止新政的助業措施時，又啟動了一波衰退迴圈，在 1938 年 GDP 回跌為 874 億美元，失業人口又驟增到 1040 萬人，逼使政府必須持續進行赤字預算的花費。大蕭條的困境一直難以擺脫，直到第二次世界大戰美國參戰為止。

1938 年二戰爆發前，全國失業人口有 1040 萬人，武裝部隊僅 30 萬人，1939 年二戰爆發，美國開始提供盟邦物力支援，並陸續加入歐洲戰場、太平洋戰場。到了戰爭末期 1944 年，武裝部隊規模劇增到 1100 百萬人，而失業人口已經降到 70 萬人，幾乎是由失業人口數來供應戰鬥人力需求，從這個數字變化可以理解，為何參戰期間的美國，一般人民的生活水準、生活品質並沒有太大的改變，因為供給一般民生產業的勞

動人口並沒有減少。大蕭條期間百分之二十的失業率，意味著因為技術進步生產力提高，只要百分之八十的勞動力就足以供應全國人民的一般生活所需，而讓多餘 20% 的勞動力難以安排造成失業。新政期間，雖然積極的擴大各項公共建設，公共服務，然而在財政赤字的束縛下，並不能無限制的透支，因此擴大公共支出所能達到的效果也僅只是讓情況不要更壞而已。直到參戰，為了戰爭的需求，舉債是可以無上限的，而也正是這無上限的舉債支出，恰恰吸納了龐大失業人口。1932 年到 1939 年新政期間政府負債僅增加 200 億美元，但是從 1939 年到 1945 年，戰爭費用的需求，讓政府負債爆增 2100 億美元，來到 2600 億美元，相當於 1939 年時國民總所得的 3.4 倍。

面對大蕭條的嚴峻沖擊，凱因斯在他的「就業、利息和貨幣通論」書中曾經做這樣的建議，由政府僱工挖坑把金銀埋起來，當做是一個礦坑，然後再開放民間競標僱工開採這些錢礦，如此一來，一方面可增加就業率，一方面可增加貨幣供給。這當然是一個在萬般無奈下的慨嘆比喻，不可能有人會當真。然而歷史卻是這麼洽巧，就是在採用這類的方案後，美國才得以從大蕭條的困境中解脫。二戰期間，舉借巨額國債僱用大量的人力投入戰鬥、後勤等任務上，這些工作並不能增加一般民眾效用，這與毫無緣由的挖坑埋錢，再把錢挖出來的無意義勞動，在經濟活動的本質上並無二致。與挖坑埋錢不同的是，戰爭是被逼的，是必須的，而且因應戰費的支出是可以無上限的，就在這種情勢發展下，而得以擺脫大蕭條的糾纏，完全解決了大蕭條時期的失業問題。

5-2 戰後三十年的強勁成長

　　大蕭條的困境直到二戰爆發前都還一直糾纏著美國的社會經濟，1939 年底美國全國仍有 950 萬的失業人口，失業率還高達 17%。二戰爆發美國被迫捲入戰爭後，來自於軍事及後勤的龐大人力需求，恰好為這些失業人口提供大量工作機會，到了 1944 年底失業率降至 1.2% 的歷史低點，終於完全消除了大蕭條時期的嚴重失業問題，而這些人力的有效使用也讓美國經濟在軍事及軍工產業方面成就了很高的成長。二戰末期大勢底定戰爭即將結束之際，開始有人擔心，戰爭結束後失業狂潮是否會再度襲來。很幸運的，這種擔憂並沒有成真，戰爭結束後 1946 年的失業人口僅小量增加到 230 萬人，從 1945 年到 1950 年，武裝部隊人數從 1200 人萬減到 150 萬人，而非農就業人口從 4420 萬人增加 5250 萬人，失業人數則在 200 萬到 300 萬人之間小幅的變動。可以說，戰爭結束後佔勞動人口五分之一的大量退伍軍人及軍工後勤產業人員在數年的調整後都能順利的轉投入一般民生產業繼續工作。對比於大蕭條時期政府雖極力擴張財政支出，失業問題仍始終揮之不去，而戰後雖實行補償性財政政策以盡力保持預算平衡，龐大的多餘人力

卻可以在短期內轉移到民間部門，並且造就戰後的繁榮，這種發展差異的原因，有很大部分可說是得益於戰爭期間財富分配相對平均下大眾消費能力的普遍提高。

　　有一些原因使戰後的貧富差距獲得極大改善。首先是戰爭時期的增稅措施，戰爭是國家事務中最耗費財力的事務，大量額外開支除了發行公債借款籌措外，另一重要來源就是增稅，而增稅措施必然要由富人負擔更高的稅率，才能儘可能增加更多的稅款，大蕭條時期已大幅調高的累進稅制，在二戰期間再將最高累進所得稅率從百分之七十七增加到百分之八十二，公司稅也從百分之三十一增加到百分之四十，超額利潤稅則達到了百分之九十的最高紀錄，1942 年的稅收法還提高了遺產稅及贈與稅，並規定對通訊、娛樂、奢侈品等徵收數量可觀的消費稅。這些美國有史以來最大的稅收法案，使政府收入從 1941 年的 75 億美元增加到 1943 年 222 億美元，戰爭最後階段 1945 年又增加到 465 億美元。戰爭期間大幅提高的稅務負擔，不只有助戰爭費用籌措，同時也大大減緩資本家的財富累積程度。其次，大戰爆發後一般民眾充分就業收入普遍有所增加，戰爭期間政府舉借了龐大的負債，也向國民徵收了主要由富人負擔的高額稅款，這些錢用於戰費支出，就會有很大一部分以薪資的方式移轉到軍人或後勤軍工產業的從業人員手中，成為他們的積蓄，產生財富重分配效果，雖然增稅法案也遍及所有中低收入階層，但是他們的收入卻有更大幅度的增加，使他們的經濟狀況比以前改善了許多。而且戰爭時期限制消費品的製造，人民也都共體時艱節約消費，收入中有比較多的比例用於儲蓄，因此富者沒有再更富，而許多窮人開始能有所儲蓄，而逐漸有一些閒錢。據二十一世紀資本論作者皮凱提的估計，

1930 年美國前百分之十最富有群體的財富總額占全國財富的 73%，到 1945 年其占比降到 65%；前百分之一最富有群體的財富占比則從 1930 年的 36%，降到 1945 年的 23%，可以說，戰爭期間龐大戰費支出普遍的流到一般人民手中，大幅改善了財富集中的程度，也為戰後的經濟轉型發展提供了一個非常好的環境條件。

戰爭時期一切生產以作戰物資為優先，民用消費品的生產與消費受到極力壓縮，很高比例的收入只能儲蓄。戰爭結束後這些積壓的需求得到釋放，一般民眾長期累積的消費能力與消費欲望大量湧出，不僅消費品、耐久財的購買大幅增長，廠商的固定資本也大規模更新。此外還有諸多有利經濟發展的條件或措施，如戰後初期西歐各國戰後重建需要，從美國進口大量物資設備；戰爭時期國防科技研發成果廣泛應用在民用生產，大幅提高生產效率；戰後的復原計劃也提撥了大筆資金資助退伍軍人就業訓練、大學教育、失業補助，使千百萬退伍軍人暫時不急著擠入勞動市場，不僅有效緩和失業問題，還為戰後經濟發展培訓大批熟練工人和科技人才，所有的這些都有力的刺激經濟發展。在各種有利條件的配合下，民生產業快速擴張，軍工企業也都能順利轉為民用生產，1946 年雖然少了戰爭費用的支出，名目 GDP 與前一年（1945 年）相比幾無減少，都約為 2280 億美元，1947 年成長到 2500 億美元，到 1948 年又成長到 2750 億美元。經濟高速成長下所產生的人力需求適時提供了大量退伍軍人轉職就業的機會，非農就業人口乃得以從 1945 年的 4420 萬人增加到 1950 年的 5140 萬人，失業率維持在 4% 以下。

戰爭時期積壓的消費力不僅創造出戰後初期的繁榮，從戰

後一直到 1970 年代，經濟發展呈現一段長期的高度強勁成長，從 1946 年戰爭結束後到 1973 年第一次石油危機前的二十多年間，期間的名目所得總成長率為 526%，實質總成長率也達到 176%，實質所得成長將近兩倍。這期間，勞動所得穩定增加，就業狀況控制良好，消費產品的供應逐年擴增，眾多商品漸次普及到家庭，所佔比例不斷的提高，到了 1960 年代，電視、冰箱、洗衣機等商品已成美國一般家庭的生活必須品，缺少這些東西變成是少數需要救助對象的貧困標誌之一。從 1950 年代到 1970 年代這一段期間，雖然也經歷過好幾個景氣循環週期，有遭遇過數次經濟衰退事件的挑戰，但是在多項有利因素配合下，此期間景氣循環的擴張階段，經濟的成長都強勁有力，而收縮階段的衰退幅度則相對和緩而輕微，因此出現了這一段長達三十年的黃金成長期。表 5-1 整理從 1949 年到 1979 年，以景氣谷底為起點到下一次景氣谷底的前一年為一週期，共六次景氣循環週期的經濟成長率及失業率概況。

表 5-1：美國 1949~1979 年景氣循環週期概況表

起迄年份	各年度實質經濟成長率高低值	各年合計實質總成長率 (%)	收縮期失業率 (%)	擴張期失業率 (%)
1949-1953	-0.5 ~ 8.7	27.20	5.9	2.9
1954-1957	-0.6 ~ 7.1	11.08	5.5	4.1
1958-1960	-0.7 ~ 6.9	9.88	6.8	5.5
1961-1969	2.6 ~ 6.6	51.60	6.7	3.5
1970-1973	0.2 ~ 5.6	15.11	5.9	4.9
1974-1979	-0.5 ~ 5.6	19.21	8.5	5.8

資料來源：美國商務部、勞工部，圖表筆者整理。

　　戰後的繁榮，於戰後重建及彌補戰爭期間需求等因素逐漸消減後，繁榮的發展還能持續數十年之久，分析其原因，最主要還是跟財富分配的相對平均有關。二戰期間因應戰爭需求的增稅法案，在戰後只有少數被取消，還有很多被保留持續施行，因此政府仍然能課到相當高的稅款（表 5-2）。財政收入遠高於以前的和平時期，此時又不用負擔龐大的戰爭費用，財政空間就顯得寬裕許多，而有較多能力推行就業保障計劃、社會福利工作以及經濟刺激計劃，在 1946 年通過就業法案、1949 年通過建築廉價公共住房和消除貧民窟法案、1950 年通過有關社會保險制度的法案等，這些政策都需要有寬裕的財政收入做支援，而戰爭時期延續下來的高稅率政策，恰好提供了良好的財政基礎。向富人大幅加稅這一政策成為造就戰後美國財富分配大幅改善的主要因素之一，富人在資本主義市場上所賺取的超額利潤，經由課稅機制得到部分調節，減緩富人財富累積速度，徵收的稅款再透過政府各項支出移轉到一般民眾，增加照顧許多中低收入群眾，有效的達到財富重分配效果，同時也提高底層民眾消費能力，從而增強推動經濟成長的力量。

　　勞工權益提升也是戰後期間財富分配不均能夠持續改善的原因之一。勞工主要是透過工會抗爭及選舉的壓力而取得更佳的勞動條件，戰後初期因為失業人數劇增，在職工人失去加班機會，不僅名目工資減少，因為高通貨膨脹的關係實際工資更是大幅降低，導致勞資矛盾加劇，為了提高工資改善福利待遇，於是在戰後不久掀起了大規模罷工浪潮，也確實爭取到不少較佳的薪資待遇與其他勞動條件，在工人運動的強大壓力之下，政府也多次擴大社會保障的範圍，並且大幅提高工人的最低基本工資及退休養老金等。勞工權益的改善，使得經濟增長成果

表 5-2：美國聯邦政府稅收佔 GDP 比重（單位：%）

年份	個人收入 所得稅	公司收入 所得稅
1940	0.9	1.2
1941	1.1	1.7
1942	2.1	3
1943	3.4	5
1944	9.3	7
1945	8.6	8
1946	7.6	5.6
1947	7.7	3.7
1948	7.4	3.7
1949	6	4.3
1950	5.5	3.6
1951	6.5	4.3
1952	8	6.1
1953	8.1	5.7
1954	8	5.7
1955	7.1	4.4

資料來源：赫伯特 . 斯坦《美國總統經濟史》（吉林：吉林人民出版社，2003，金清等人譯）。

可以讓勞工分享到更多的利益，薪資待遇提高又可以維持工人較高的消費能力。因為工人待遇大幅改善，工人有較大份額的工資持續用於消費，再加上政府有充裕財政可用以刺激經濟發展，因而二戰時期民眾所累積的儲蓄於戰後流入經濟活動循環中後，不只創造戰後初期的繁榮，還產生很高乘數效應，繼續推動經濟發展，促成較長時期的繁榮。

　　二戰期間戰爭的衝擊使財富分配不均程度大幅改善，二戰結束後，戰時制度的延續以及戰後勞工保護意識的高漲，也使貧富差距免於又再快速惡化，但這並沒辦法改變資本主義運行必然會使財富日趨集中的本質，在資本主義制度下，財富的再度集中仍然是會重新形成，只是速度較為緩和，當民眾消費能力降低到不足以消化持續增長的產能時，經濟衰退與失業率升高的現象還是會產生，戰後的長期成長仍免不了要週期性的遭遇經濟收縮期的干擾。財富分配和所得分配的改善是戰後三十年經濟強勁成長的一個主要原因，另一個主要原因則是政府所奉行的凱因斯主義政策，於每次面臨收縮期的衰退衝擊時都能有效發揮其救治效果。有鑑於大蕭條時期失業對社會及人民所帶來的巨大痛苦，防止衰退、維持就業成為政府經濟政策的重要目標之一，1946 年通過的就業法案，聯邦政府首次明文規定，為了控制失業，政府要干預經濟的發展，國家必須採取一切政策提供一切資源，為那些有能力工作、願意工作並且正在尋找工作的人提供有用的就業機會，政府的任務就是盡一切確實可行的手段來促進最大程度的就業、生產和購買力。該法成為了戰後美國歷屆政府經濟政策的重要準則，歷任總統和國會多少都有運用到 1946 年的就業法案，以穩定經濟活動水準減輕失業問題。有了新政對抗大蕭條的經驗，財政擴張政策成了政府對抗不景氣的法寶，因此每次經濟衰退、失業率攀高時，政府就會祭出該項法寶，利用放鬆銀根、降低利率、降低租稅、加速折舊、擴大人力發展與訓練計劃、擴大公共服務、擴大政府支出與赤字預算等方法，以提高總有效需求（表 5-3）。也因為此期間衰退的程度都不嚴重，所以在適度施加財政擴張政策後即都能達到很好的振興經濟效果。

表 5-3: 美國 1950~1980 年間歷任總統所推行的經濟刺激措施

年度	時任總統	刺激經濟政策
1953~1954、1958	艾森豪	減稅、 聯邦失業福利擴大、 加速聯邦公路支出
1961~1962	甘迺迪	區域再發展法案、 人力發展和訓練法案、 緊急公共工程法案
1964~1965	詹森	經濟機會法案、 所得稅減稅法案、 消費稅減稅法案
1970~1971	尼克森	擴大公共工程、 增加貨幣供給、 降低貼現率、 大幅擴大赤字預算
1976	福特	緊急工作計劃擴張法案、 大幅擴大赤字預算
1977~1978	卡特	經濟刺激適用法案、 青年就業與示範計劃法案、 充分就業與平衡成長法案

資料來源：內容參考韓鐵、李存訓、劉緒貽等人主編《戰後美國史 1945-1986》（北京：人民出版社，1989）。圖表筆者整理。

　　戰後到 1980 年，美國政府對財政收支的控制大致上都是採取補償性財政政策的思維，即政府的預算平衡目標是以整個經濟周期做考量，認為蕭條時期可以留下預算赤字，但需要繁榮時期的預算盈餘來彌補，從而實現整個經濟周期中的政府收支平衡。但歷屆政府在景氣繁榮時期雖都會嘗試縮減開支，試圖擠壓出一些財政盈餘以降低公債餘額，然而每次略微縮小政

府開支採取預算平衡政策時，景氣就會很快的又轉向衰退，逼使政府又必須重新採行赤字預算政策以擴張政府支出。因此從1950年代末期開始，美國政府就甚少能有財政盈餘，而政府的債務餘額也就沒有縮減餘地，其所謂補償性財政政策，認為可以用繁榮時期的財政盈餘彌補衰退時期的財政赤字以達成週期性財政平衡，變成是一種空談，因為只有政府持續的赤字支出，廠商才會有持續累積獲利的來源，也才能推動投資及消費持續增長及維持景氣穩定，因此為了就業的安定，公共債務的累積就只能是有增無減。圖5-1為美國1955~1990各年度財政赤字佔GDP比率與失業率的變化情形，從這兩項指標的高度相關性，更可以充分顯示出戰後這段期間美國的景氣變動與政府財政措施的密切關係。因為政府的擴張或緊縮措施高度影響景氣的變動，同時景氣的榮枯又高度支配政府的預算政策，兩者的互為因果就形成之間緊密同步的變動關係。

　　二戰之後，科學技術的持續進步發展當然也是這段時期美國經濟增長的主要原因之一，新能源、新材料、新技術大量應用於生產，大幅提高勞動生產力。因為勞工保護政策的改善，技術進步的效益除了帶給資本家豐厚利潤外，勞工所得也都能有所增長，可以消費更多商品，因此繁榮時期產出都可以有較大幅度成長。但是因為資本主義下財富必然逐漸集中的法則，有效需求總有時會無法跟上產能增長，並因此掉入到衰退迴圈並引發失業率攀高，所幸有了大蕭條的經驗以及凱因斯學派理論的支持，每一次經濟略有停滯失業率有所攀高之時，政府都會很快的祭出各種經濟刺激政策擴張財政支出，引導經濟重新回到成長軌道，而經濟的發展也就在這種大漲小回的格局中造就了三十年的高度成長。

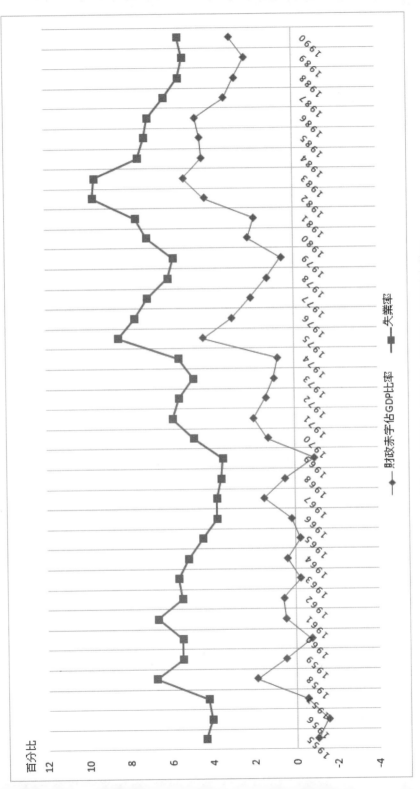

圖 5-1：美國 1955~1990 各年度財政赤字佔 GDP 比率與失業率

百分比

財政赤字佔GDP比率 ───■─── 失業率

資料來源：美國行政管理和預算局、商務部、勞工部，圖表著筆者整理。

5-3 滯漲危機的兩難困境

　　美國二戰之後以擴張政策協助經濟成長的經濟發展模式在 1970 年代遭遇了一些亂流，也使得政府的調控措施遭受到比較大的阻擾。因為長期財政赤字以及經濟的強勁成長，在 1960 年代末期就開始出現逐漸加大的通貨膨脹壓力，到了 1974 年第一次石油危機發生，因為成本推升以及預期心理影

圖 5-2：美國 1960 年~1990 年消費者物價指數年增率

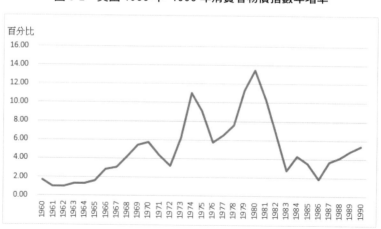

資料來源：美國勞工部，圖表筆者整理。

響，終於爆發了一次較猛烈的通貨膨脹，1978 年第二次石油危機時又再出現一次通膨高峰（圖 5-2）。

根據凱因斯學派的理論，通貨膨脹是經濟社會達到充分就業後，有效需求的繼續增加所造成，因此要對抗通貨膨脹的壓力必須採取減少政府開支、提高政府租稅、緊縮銀根與其他可以減少有效需求之方法，對抗通貨膨脹與對抗經濟衰退剛好是採取完全反向的方法。在 1970 年代以前，失業率與通貨膨脹率被認為有抵換關係，即失業率高代表經濟處於蕭條階段，這時工資與物價水準都較低，從而通貨膨脹率也就較低，反之失業率低，代表經濟處於繁榮階段，這時工資與物價水準都較高，從而通貨膨脹率也就較高。在 1950、1960 年代，經濟不景氣與高通貨膨脹現象很少同時發生，因此這一段時期政府可以有很大空間運用各項財政政策與貨幣政策調控經濟的發展，在經濟衰退時期利用放鬆銀根、降低利率、降低租稅、擴大公共服務、擴大政府支出與赤字預算等方法，以促進景氣復甦，在景氣熱絡通貨膨脹壓力增大時期則使用緊縮貨幣、信用限制、減少政府支出、平衡財政預算的方法對抗通貨膨脹。但是這種操作模式在 1970 年代石油危機時期，面對景氣衰退與通貨膨脹惡化同時發生的經濟情勢，就產生了進退兩難的困境。

滯脹危機的產生在尼克森總統任職之初就已露出一些徵兆，1969 年的通膨率來到 5.4% 的相對高點，尼克森總統就任之初面對的主要問題還只是通貨膨脹，因此先採取了反通膨的政策，如削減聯邦政府開支、緊縮貨幣、提高利率等，但是這些政策不僅未能抑制住通膨，反而觸發了經濟衰退的發展，兩年後政府只得改變方向，轉而全力對抗經濟衰退，進行新一輪的財政擴張政策。至於同時存在的通膨問題則改以行政管制方

式，以凍結工資、物價、房租等措施因應，這些措施對於快速發展的通膨問題暫時發揮一些抑制作用。但是到了 1974 年受到石油危機影響，通膨問題又快速惡化，當年物價年增率高達 11%。同時因為原料、能源的短缺使經濟發展受限，也造成景氣大幅衰退。福特繼任總統時，面對同時出現的經濟衰退與通貨膨脹問題，一開始也是選擇以控制通膨為主，但是緊縮計劃未獲得國會支持，經濟情勢就已經快速惡化，因此仍然不得不改變政策，改以減稅及擴張支出等政策來對抗衰退，擴張政策雖有助於經濟的緩慢回升，但卻又加重通膨繼續惡化，1975 年消費者物價繼續上漲了 9%。為了防止通膨繼續惡化，他不敢進一步採取刺激經濟的措施，1976 年初期本來一再希望限制政府開支，結果 1976 年下半年美國經濟再度停滯，整體經濟情勢仍陷在滯脹的兩難困境中。到了 1977 年通貨膨脹與經濟衰退的問題略有緩和，但通貨膨脹率與失業率仍在相對高點，此時卡特政府上台，他先採取減稅及擴張支出的反衰退政策，使失業率得以繼續下降，到了 1978 年通貨膨脹又開始惡性發展時，政府也採取了一些對抗通膨的行動，但成效不大。到 1979 年第二次石油危機爆發，物價更是持續猛烈上升，1979 年物價年增率超過 11%。因此卡特政府的經濟政策完全轉向對抗通貨膨脹。1980 年初採取了削減開支、緊縮信貸、非強制性工資物價指標等，雖然這些措施又立即引起經濟再度陷入新一輪的衰退危機，但是考慮到通貨膨脹威脅，並沒有改採對抗衰退的措施，繼續執行緊縮性財政政策，使得失業率一度上升到 10%，到了同年 7 月份，卡特總統見情勢不好，又匆忙取消信貸限制以刺激經濟，結果通貨膨脹又加劇發展，1980 年物價年增率高達 13%。整個 1970 年代，尤其是石油危機發

生之後，面對同時出現的經濟衰退與通貨膨脹問題，歷任政府既想以緊縮性經濟政策來對抗通貨膨脹，又不得不以凱因斯主義的擴張性財政政策來對抗衰退危機，形成政策的反覆左右搖擺，反映出傳統經濟理論在新型態滯脹危機面前進退兩難的處境，在始終無法擺脫滯脹危機的雙重威脅下，也成為福特與卡特兩位總統在尋求連任的大選中失利的主要原因之一。

　　傳統凱因斯學派理論認為通貨膨脹是經濟社會達到充分就業後，有效需求的繼續增加所造成，因此在沒有巨大的政府支出時，通貨膨脹的惡性發展就較不會發生，但現實上通貨膨脹的形成並不只來自於此項因素，不論是需求的拉升、成本的推動、過多的貨幣、過少的商品，都會是造成通膨的原因，從戰後到 1970 年代美國政府持續的赤字支出，將大量資金注入到民間，本來就潛藏不小的通膨能量，再加上在 1970 年代初期，美國經濟遇到了一系列外部衝擊。首先，世界農業發生歉收，美國農產品出口急劇擴大，國內食品供給減少造成國內食品價格大幅上漲；其次，1971 年廢除美元黃金的兌換承諾後美元貶值，從而造成了進口商品價格上升；接著最主要還是石油危機的衝擊，造成了美國能源價格以及石化產品價格上升，這一系列事件引發通貨膨脹的猛烈發展。另一方面石油危機的發生，成本高漲降低了廠商的利潤與投資意願，物價劇烈上漲以後，民眾消費也快速下降，消費與投資都受到嚴重影響，自然對經濟發展與民眾就業產生極大衝擊，在這種情形下，通膨加劇與經濟衰退同時發生也就是理所當然的事情，對抗這種兩難情勢，政府政策的左支右絀、進退兩難，與其說是經濟理論的不足，更根本的原因應該還是在於面對外部巨大的實質衝擊時，並不是政府政策的調節所可以完全化解的。

　　這一場二戰之後最大的經濟危機，一直延續到 1983 年才獲得一些平息，1982 年石油價格慢慢穩定後，物價的漲勢終於緩和下來，1981 年物價指數年增率還在 10% 的高水位，1982 年減緩到 6%，通膨減緩後政府取得較大的擴張政策空間，在減稅及政府擴張支出的政策下，1983 年的實質經濟成長由前一年的衰退 1.9% 回復到成長 4.6%，不過失業的情勢仍然嚴重，1983 年失業率仍為 9.6%，1984 年才稍微下降到 7.5%。

　　雷根政府 1981 年上台時，滯脹危機仍然處在一個相當嚴峻的局面，他聲稱要採用新的經濟理論以解決所遭遇的問題，也就是供給面經濟學派所主張的減稅、縮小政府開支平衡預算、放鬆管制等。供給面經濟學認為政府減少干預可使資源充分發揮其生產潛力，以此可以對抗滯脹危機，其核心主張是減稅，認為大規模減稅使個人收入及企業利潤增加，從而刺激擴大生產，最終會使政府稅收增加，赤字下降，經濟也會隨之成長。這一點與凱因斯學派所認為所得稅的降低將增加可支配所得，可提高消費者的有效需求並進而帶動企業的勞動需求及投資需求的增加，其推論的理由略有不同，但是其主張的做法以及想要達到的目標卻是相同。供給面學派同時認為假使租稅降低，政府的支出不比照減少的話就會產生赤字，如此民眾因租稅降低所增加的可支配所得必須被用來購買新發行的公債，因此有效需求就不會增加，且赤字就是將來的租稅，它一樣會排擠民間部門的投資及消費而損害未來的經濟成長，因此供給面經濟學主張減稅的同時也主張政府應該縮小開支平衡預算。

　　雷根政府雖然聲稱他所採行的是供給面經濟學的策略，但是證諸其實際的政策措施，卻仍然是以財政擴張政策為主。在雷根政府上台之初，採取了一些緊縮性的措施，如緊縮銀

根、削減非國防開支等，1981 年秋天起經濟又再度陷入衰退，1982 年失業率上升到 9.7，雷根政府在壓力之下不得不改變策略，改採放鬆銀根、擴大赤字的擴張政策，國民生產乃於 1983 年有所回升。此後數年間，其財政收支不論是赤字佔 GDP 比率或政府支出佔 GDP 比率與之前相比都是有過之而無不及（表 5-5），以名目金額論，其八年總統任內，總赤字即高達 1.7 兆美元，超過從羅斯福總統到卡特總統歷屆政府赤字的總和。1981 年之後石油價格回穩，再加上同時有大量廉價外國商品流入美國降低美國物價水平，這些因素都大幅降低了通貨膨脹的壓力，在通貨膨脹獲得控制之後，政府可以用超過以往規模的減稅及擴大開支政策全力對抗經濟衰退，經濟情勢乃得以順利擺脫滯脹的糾纏。

雷根政府採行供給面學派所主張的擴大減稅政策，因為著眼於勞動與投資的激勵，不像需求面學派的減稅政策偏愛對有較高邊際消費傾向的低所得者給予較多的減稅。雷根政府的減稅措施中有很大的部分是針對高所得者及企業法人所做的刪減，這一部分的減稅能增加多少投資不得而知，但是對消費需求的提升必然是助益有限，因為政府所減少的稅收中有很大的部分並沒有被用在消費，所以經濟衰退的情勢下仍只能回到凱因斯學派的老路，嚴峻的失業問題仍然是要依靠政府的擴大支出才能解決，由於一方面稅收減少，一方面政府支出增加，因此債務膨脹的速度也比以往來的更加快速（表 5-4）。

滯脹危機給當時的民眾生活和政府施政產生不小的衝擊，卻也意外為政府的財政狀況帶來很大助益。從 1973 到 1982 短短 10 年間，消費者物價指數上升了 132%，等於 1972 年的債務餘額到 1982 年時其實質負擔無形中就降低了一半以上。

表 5-4：1961~1988 美國聯邦政府支出、赤字與債務餘額佔 GDP 比重（單位：%）

年份	支出佔 GDP 比重	赤字佔 GDP 比重	債務餘額佔 GDP 比重
1961	19.1	0.5	52.0
1962	19.3	0.6	50.1
1963	19.0	-0.2	48.6
1964	18.3	0.4	46.1
1965	17.7	-0.2	43.3
1966	18.8	0.2	40.3
1967	20.3	1.5	39.5
1968	20.4	0.5	39.1
1969	19.9	-0.9	35.9
1970	20.6	1.3	35.4
1971	20.4	2.0	35.0
1972	20.7	1.4	34.0
1973	20.0	1.0	32.6
1974	21.0	0.8	31.2
1975	23.0	4.4	32.1
1976	22.2	3.0	33.5
1977	21.6	2.1	33.9
1978	21.0	1.3	33.0
1979	20.9	0.6	31.5
1980	22.6	2.2	31.8
1981	23.0	1.9	31.0
1982	24.5	4.3	34.0
1983	24.7	5.3	37.7
1984	23.6	4.4	38.7
1985	24.0	4.5	41.8
1986	24.1	4.7	46.2
1987	23.5	3.3	48.2
1988	22.6	2.8	49.5

資料來源：赫伯特・斯坦《美國總統經濟史》、美國行政管理和預算局、商務部、財政部，圖表筆者整理。

1982 年聯邦政府債務餘額已突破 1 兆美元大關，但是佔 GDP
的比例卻降到 34% 的相對低水位，已低於二戰之前的債務水
準，也可以說，二戰期間因應戰爭需求所舉借的負債及二戰之
後二十餘年間為了振興經濟的赤字支出，全部都已經以通貨膨
脹及經濟成長的方式清償完畢，這不僅提供美國政府繼續採用
赤字支出擴張財政的廣闊空間，也可能因此改變了政府部門對
財政收支控管的思維，雷根政府時期一方面減稅降低財政收
入，一方面又擴張支出快速累積政府債務，這些措施都標誌著
美國政府已揚棄補償性財政政策的思維，全面走向赤字財政。

5-4 大平穩時代醞釀出金融大海嘯

　　二戰之後美國政府長期赤字支出所累積的債務，在 1980
年代初期因為通貨膨脹的稀釋而沖銷了大半，1981 年的聯邦
政府債務餘額佔 GDP 的比例降到 31%，為 1933 年施行新政以
來的最低水準，政府於是又有了廣闊的舉債空間可支應財政需
求。再加上 1980 年代之後，石油價格回穩，通貨膨脹現象大
為減緩，政府乃得以全力用擴張政策刺激經濟的發展，在物價
穩定及政府全力刺激之下，1980 年代中期之後經濟回復強勁
成長，失業率緩慢下降，而在政府全力擴張支出以拉抬經濟的
政策下，負債又快速累積，到 1990 年聯邦政府債務佔 GDP 比
例又上升到 60% 的相對高水位。

　　到了 1990 年代之後，經濟的發展似乎又更為順暢，經濟
仍然溫和成長，政府赤字支出則大為縮減，1990 年代到 2000
年代初期的聯邦政府債務餘額佔 GDP 比例大約都保持在 60%
上下。1990 年代的經濟發展在政府較少的赤字挹注下還能保
持適度成長，成為柯林頓政府所引以為傲的政績，但是在觀察
比較了其他的經濟金融數據後可以發現，這其實主要是來自於
民眾大幅擴張債務大量借貸消費，以民間的債務擴張取代政府

舉債所造就的。在這段期間稅制有利於富人，一般民眾所得跟不上經濟成長，而逐漸的靠借貸消費，因為金融環境寬鬆便利，因此民眾也勇於借貸消費。根據「世界不平等報告 2018」的估計，1980 年代初期，所得較低的 90% 家庭，其儲蓄率為 5%到 10%，到 1998 年時這個比例約降為 0%，到了 2000 年代中期時這個比例持續降到 -5%，可以說這九成人口到 1990 年代末期已經開始入不敷出，靠借貸補足所需的消費。在 1980 年代中期美國家庭綜合債務（房貸、車貸、學貸、信用卡及其他家庭債務）佔 GDP 的 75%，由於民眾持續擴張信用借貸消費，到了 2009 年這個比例上升到 135%。可以看出 1990 年代前後的這一段時期，政府雖然放緩舉債而經濟仍然還能夠成長的主要原因，其實就是來自於一般民眾大幅擴張信用所創造出來的需求，因為一般民眾勇於借貸消費維持經濟成長，使得政府得以減緩赤字開支。1980 年代富人因累進稅率、遺產稅大幅下調，可以更快速的累積財富，而一般民眾則儲蓄率下降、債務增加，因此財富分配不均的情形也快速加劇，根據「世界不平等報告 2018」的估計，在 1985 年，財富擁有量較高的 10%族群。其財富總額佔所有家庭財富總額的 63%，到了 2012 年這個比例上升到 77%，其餘九成人口的財富總量只佔總財富的23%，更劇烈的變化是財富擁有量最高的 0.1% 族群，其財富總額佔比從 1986 年的 7% 劇增到 2012 年的 22%。而這一時期富人族群所持續累積的財富，有很大一部分就是由一般民眾的負債所供應的。

　　1980 年代中期到 2000 年代初期的經濟成長，除了政府的刺激政策、民眾勇於借貸消費、能源及物價相對穩定等因素之外，科學技術持續進步以及金融活動蓬勃發展也都是推動這一

段時期經濟成長的重要因素。1990 年代前後對民生經濟影響最重大的科技進步當屬電腦產業的快速發展，電腦資訊技術的應用不但提高了生產力，也創造出很多新產業，有第三次工業革命之稱。電腦運算能力呈指數型成長，成本價格又不斷降低，巨量、精確、快速的運算能力使電腦運用全面進入商業活動的前端服務與後勤支援，巨幅改變了商業的面貌，個人電腦、網際網路、光纖通訊的普及也大量增添了媒體及娛樂的多樣性。

　　金融活動的蓬勃發展不只支援實體經濟的順暢運行，寬鬆的借貸環境、樂觀的金融商品估值亦增加民眾消費能力，助長經濟成長的力道，金融產業本身的發展更是成為整體經濟成長的一個重要成份。金融管制的放寬以及電腦科技的運用，金融服務的便利性大幅提升；長期經濟成長與政府赤字支出使民間累積了龐大的實體與金融資產，民眾需要投資理財的儲蓄與日俱增；因為股票、匯利率、大宗商品等價格劇烈波動，風險控管的需求也大為提高。這些因素都促進了金融服務範圍的擴大，新型態的金融工具與金融商品不斷推出，民眾出於對通膨的規避或對資產收益極大化的追求，金融槓桿顯著擴張，負債快速增加，很多人致富的途徑是買賣金融商品。金融業做為實體經濟支援的角色，其交易規模相對於實體經濟已有過之而無不及，成為促進經濟成長的重要貢獻者。但是金融業蓬勃發展的同時，此期間的金融危機事件卻也一波接著一波頻繁密集的出現。

　　1990 年代前後到 2000 年初的這一段時期，景氣波動不再那麼劇烈，經濟維持持續成長，失業與通膨都相對溫和，有些學者稱此時期為「大平穩時代」（Great Moderation）。政府以金融政策的收放控制貨幣的供給，減輕政府的赤字需求並維

持經濟成長，很多央行官員及學者滿意於政策的功效，認為經濟理論與經濟政策已經解決了總體經濟的問題，衰退或蕭條都可以被控制。然而這一段時期雖然整體經濟的波動相對緩和，但在金融市場上，因為金融利益的競逐、債務槓桿的擴張、以及國際金融環境的緊密互動等，金融情勢的變化可謂波濤洶湧，金融危機事件層出不窮。眾多金融危機中，起源於美國本土進而影響全世界的有 1987 年股市崩盤事件、1990 年垃圾債崩盤事件、1994 年債市大屠殺事件、1998 年長期管理資本公司（LTCM）崩潰事件、2000 年網路泡沫破滅事件等，來自於國際金融危機事件而對美國產生衝擊的則有 1994 年墨西哥金融危機、1997 年亞洲金融危機、1998 年俄羅斯債務違約事件等，金融危機的發生似乎成為每隔幾年便會出現一次的常態現象。這些危機的接連頻繁發生，有很大的原因都是來自於借貸槓桿的過度擴張所造成，而美國聯準會應對危機的方式則是鼓勵更多的借貸以解決當下問題，一旦危機發生，聯準會總是會快速的降準降息，降低貨幣的價格並為金融體系提供巨量流動資金，以避免資產價格的繼續崩跌而影響到實體經濟。如此以更寬鬆的借貸來解決因為借貸過度所產生的問題，這不啻是在為更大的風暴累積能量，並且聯準會的救市措施總是成為投資者的準確預期，也更加的鼓勵投機的風潮。

信用擴張的借貸消費及高度槓桿的金融投機操作，在 2000 年代中期都來到了一個高峰，最後終於形成了次貸風暴並爆發出對全球實體經濟產生巨大衝擊的金融海嘯。次貸風暴形成的直接原因主要是來自於房地產泡沫破滅以及金融機構浮濫放款並惡意轉嫁風險所造成。2000 年網路泡沫破滅之後經濟明顯放緩，2001 年九一一恐怖攻擊又重創觀光及交通運輸

業，整體經濟持續疲弱，聯準會為了活絡經濟積極降息，使貸款者的負擔大為減輕，為房地產市場營造出有利的投資環境。另一方面，金融機構為了擴大客源積極發展次級房貸業務，大幅放寬貸款資格並降低初期還款負擔，促使大量信用等級較差收入不穩定者去購買超過自已還款能力的房子。這些貸款在還款前幾年只須支付很低的本息，或只付利息先不用償還本金，但是約定期限過後還款方式回復正常，負擔就會陡然增加。因為當時市況房地產一直持續的上漲，貸款者就算還款出現困難，賣掉房子就可以清償貸款，還可以有獲利結餘，金融機構也不會有損失。也有很多人仰賴房價上漲來替房貸辦理再融資，做為消費及還款的財源。就這樣，次貸業務的發展與房地產價格的上漲互相拉抬，持續擴張到 2006 年的高峰時，次級房貸的規模占所有房貸的比例由之前的 8% 上升到 20%，房屋價格從 2000 年到 2006 年幾乎上漲了一倍。美國景氣開始復甦後，聯準會 2004 年起結束低利率政策，連續 17 次升息，從最低時的 1% 調升到 2006 年 6 月的 5.25%，因而對房價產生很大的反轉壓力。2006 年房價無力再上漲，次貸借款人無法繼續再融資，再加上利率調高貸款利息加重以及輕鬆的初期還款方式過後須要攤還的本息大增，次級房貸的違約率開始大幅攀升。

　　資產證券化是 1970 年代出現的創新金融商品，1990 年代中期開始快速發展，金融機構為了擴大流動性，將持有的信貸資產經過重組形成資產池，並以此為基礎發行抵押債券於資本市場銷售，以快速收回本金提高資金運用效率，投資者也多一項投資管道。金融業者浮濫推廣次級房貸的同時，他們也明白這些貸款的風險非常高，房地產市場反轉時違約率必然迅速

上升，以這類貸款為標的所發行的證券化商品不會有人願意認購，於是他們透過各種包裝手法，將這些房貸與其他一般房貸多重混合與分拆，讓人不易理解證券的真實標的內容，並向信評公司取得較高等級的信用評等，再將這些結構複雜、信用參差不齊的證券化商品，轉售給其他金融機構並推銷給全世界的投資人，實際上這些抵押債券的內容都包含了大量風險極大的次級房貸資產。2006 年美國房價反轉下跌，次級房貸以債養債的操作模式不再可行，房價大幅下跌處分擔保品的回收有限，次級房貸的風險開始浮現並持續擴大，2007 年起陸續有多家次級抵押貸款公司因承作次級房貸業務而倒閉，持有次貸證券化商品的金融機構遭受鉅額損失，2008 年危機持續惡化，大型金融機構紛紛出現財務問題，到了當年 9 月，發生多起大型金融機構倒閉、賤價出售或被接管事件，重創投資人資產與信心，全球股市崩跌，並且因為連鎖性債務違約的擴散，使多個國家也陸續傳出金融機構發生財務問題，終於爆發出金融海嘯，成為一襲捲全球的金融危機。

　　這一場次貸危機引發的金融風暴，又進而導致全球實體經濟全面崩盤。在美國因債權損失、投資虧損、金融服務業大幅裁員、房價下跌抵押品淨值減少等，使得白領菁英奢侈消費劇減，也迫使一般家庭不得不節衣縮食。全球需求因之急速縮減，漫延成全球性的經濟蕭條。美國失業率由 2007 年底的 5%，上升到 2008 年底的 7.2%，到 2009 年底，更進一步惡化到 10%。經濟急凍、大失業潮來臨下，政府只得再次施行貨幣與財政雙管齊下的景氣擴張政策。從 2009 年 3 月至 2014 年 10 月，總共實施四輪的量化寬鬆政策，聯準銀的資產規模從 2007 年的 0.9 兆美元暴增到 2014 年的 4.5 兆美元，釋出超過

3 兆美元的基礎貨幣。創造大量貨幣投入市場,雖然可引導利率下滑,錢是注入金融體系中,但卻只會留在銀行的手中,市場已經沒有能力也沒有必要再進行借貸,資金無法進入實體經濟中。因此聯邦政府也大幅擴張赤字支出,採行多項刺激政策,如政府退稅及補助、舊車換現金、購屋補貼、社安稅減免等,以發錢給民眾的方式來刺激消費,帶動經濟成長。大量資金的直接灌注下,才使經濟重新回穩。此時,失業率從 2009 年的 10%,下降到 2012 年的 8.2%,2014 年再下降到 5.8%。聯邦政府債務餘額則從 2007 年的 9 兆美元暴增到 2014 年的 17.8 兆元,債務餘額佔 GDP 比例也從 62% 上升到 102%。

2006 年次級房貸發展最高峰時市場規模約 6000 億美元,相對於全球金融市場並不大,但是因其大量違約所造成的風暴卻不僅重傷全球的金融市場與實體經濟,更是 1930 年代大蕭條以來的最大經濟危機,究其原因也與財富分配不均的惡化有關。1980 年代的供給面改革大幅調降企業稅、遺產稅、富人所得稅,例如個人所得稅最高累進稅率從 1970 年代的 70%,降到 1988 年的 28%。富人累積財富的速度於是急遽增加,但公共債務也相應的快速累積,1990 年代公共債務累積的速度雖然減緩,卻換成一般家庭的債務激增,有很多人入不敷出,依靠借貸支撐消費,這個時候看似成功的貨幣政策,其實卻是在累積危機的能量,因為家庭債務的膨脹有其極限,當民眾沒有能力舉借更多負債而且還必須挪出收入的一部分償還負債時,必然會產生更大幅度消費縮減,以及引發更嚴重的經濟衰退。2000 年代初期低利率及樂觀的情緒推動下,房地產持續多年的上漲走勢,也帶動股市的上漲。在房價不斷上漲的同時,民眾所得跟不上經濟成長而仰賴借貸及資產膨脹來維持開支,

以增添更多的消費並維持經濟成長，但也更進一步加重家庭債務累積以及金融市場槓桿擴張的程度。當房市反轉向下，次貸違約潮出現時，除了承做次級房貸或次貸抵押債券業務的金融業者及投資人直接蒙受巨大損失外，因為金融業者間錯綜複雜的債權債務關係，受波及者不計其數，並牽動股票市場的崩跌，股市崩跌又造成高槓桿操作的股票投資者也遭受重大損失，甚至陷入財務危機，如此連鎖反應及惡性循環，次貸規模雖只約6000億美元，次貸危機卻引爆了所有的債務泡沫以及資產價格泡沫，寬鬆金融環境所造就的榮景也就瞬間反轉為席捲全球的金融海嘯。在實體經濟方面，金融危機的出現使得原本由高度借貸及股市房地產增值所支撐的消費動能瞬間消失，景氣熱絡時普遍會有的過度投資，在危機來臨時則更加倍縮減，消費及投資都急速下滑的情形下，經濟局面大有重蹈 1930 年代覆轍的態勢，為免情勢失控，各國政府紛紛祭出規模空前的經濟刺激方案，才讓經濟情勢獲得控制。

　　自從羅斯福總統百日新政之後，赤字預算成為美國政府的常態，新政期間美國聯邦政府債務餘額佔 GDP 比例由 1930 年代初期的 20% 左右上升到 1940 年的 49%，二戰期間因為戰費支出，債務必須無限制的擴張，到 1945 年債務餘額佔 GDP 比例陡升到 114%，戰後雖然為了要維持經濟發展，債務餘額持續累積，但因為通貨膨脹及經濟成長的調整，其佔 GDP 的比例仍可以逐漸下降，到了 1980 年代，因為富人累積財富的速度加快，政府也必須加大赤字支出才能維持一般民眾的消費能力及經濟的穩定發展，因此國債佔 GDP 的比例又快速增加，1990 年代及 2000 年代初期，國債的擴張平穩了一段時期，但是因為富人的財富持續快速累積，改換成一般民眾的債務大幅

攀升，才能維持正常的消費，也因為民間債務的不斷膨脹而累積出金融海嘯的巨大衝擊，政府只得再次大灑鈔票以挽救瀕臨崩潰的經濟，且此次應對金融海嘯所增加的債務，其規模又遠勝於新政時期的擴張支出，與二戰時期相比也不遑多讓，而且直到現在還持續當中，債務規模仍然以相當大的幅度持續膨脹（表 5-5）。有了二次大戰後龐大債務最後都能以通膨削減的前例，政府部門對公共債務的持續膨脹現象，似乎不再那麼在意，而且大幅的擴張支出也廣受企業界、投資者及一般民眾的歡迎，因此政府債務不斷膨脹的趨勢，似乎沒有減緩跡象。看來這種公共債務爆表的趨勢也只有等待下一次劇烈通貨膨脹的出現，才有重新調整回落的可能，至於劇烈的通膨會在什麼時間以何種方式出現，會對人民生活產生何種影響，無人能夠預見，只能屆時再因勢制宜了。

表 5-5: 美國聯邦政府公債餘額及其佔 GDP 比例（1990-2016）

年度	聯邦政府公債餘額（百萬美元）	公債餘額佔 GDP 比例
1990	3,206,290	54%
1991	3,598,178	58%
1992	4,001,787	61%
1993	4351,044	63%
1994	4,643,307	64%
1995	4,920,586	64%
1996	5,181,465	64%
1997	5,369,206	62%
1998	5,478,189	60%
1999	5,605,523	58%
2000	5,628,700	55%
2001	5,769,881	54%
2002	6,198,401	56%
2003	6,760,014	59%
2004	7,354,673	60%
2005	7,905,316	60%
2006	8,451,350	61%
2007	8,950,744	62%
2008	9,986,082	68%
2009	11,875,851	82%
2010	13,528,807	90%
2011	14,764,222	95%
2012	16,050,921	99%
2013	16,719,434	100%
2014	17,794,483	102%
2015	18,120,106	100%
2016	19,539,445	105%

資料來源：美國商務部、財政部，圖表筆者整理。

第六章　制度的缺陷與
　　　　　亟待解決的難題

6-1 財富集中與市場失靈

市場經濟的特色

　　市場經濟的最核心精神就是私有財產權以及自由競爭，以保障私有產權為基礎，以自由交換為手段，在這兩大原則之下只要建立穩定的市場交易環境，不需再多費心力即可自然順暢安排千萬人的分工，即可精巧完成無以數計錯綜複雜的商品分配。這種自由交換的機制使每個人可以致力於各自擅長的生產活動，並且每個人基於追求自己利益所付出的努力，經由互通有無的交換還可同時惠及他人，更進而造就全體社會的互利、繁榮。市場經濟是人類社會發展自然形成的經濟制度，就如兩千多年前的史書對中國上古時期社會經濟活動就有如此的描述：

> 「夫山西饒材、竹、旄、玉石，山東多魚、鹽、漆……皆中國人民所喜好，謠俗被服飲食奉生送死之具也。故待農而食之，虞而出之，工而成之，商而通之。此寧有政教發徵期會哉？人各任其能，竭其力，以得所欲。故物賤之徵貴，貴之徵賤，各勸其業，樂其事，若水之趨下，日夜無休時，不召而自來，不求而民出

之。豈非道之所符，而自然之驗邪？」（史記貨殖列傳）。

進到工業化社會之後，市場經濟更充分展現其在效率方面的優越性，透過供給需求自由競爭的機制，市場決定包括商品與要素在內的所有價格。價格所發出的訊息靈活地引導資源在各行各業之間快速流動，使整體社會的資源配置不斷有效率地優化調整。價格競爭機制進一步對生產效能產生優勝劣敗的激勵功能，生產者基於對經濟利益追求，不斷研發新技術，改良生產流程，以提高生產力降低生產成本，並創造新商品拓展市場，而不斷地增進社會整體福利。但市場機制並不是萬能，自由競爭的市場機制對整體社會有時會無法達成最佳化效果，稱為市場失靈，目前較為人所關注的市場失靈現象主要有不完全競爭、無法提供公共財、外部效果不被考慮等方面，這些市場失靈現象都可以透過政府干預或承擔而得到改善，現代政府也都會努力進行這一方面的政策措施。

經濟衰退也是一種市場失靈

前面第四章中有多次提到財富集中對經濟發展的影響，主要是消費能力流失而導致經濟衰退、產能閒置、失業率攀升，機器設備都還在工人的技術也沒有降低，卻無法充分有效利用其生產能力以儘可能創造最大社會福利，這些現象都是市場失靈的典型特徵。但是在實務處理上，經濟衰退卻總是被認為只是經濟運行過程中偶爾會出現的短暫現象，而不被認為是因為經濟制度本身結構性因素所導致必然會發生的市場失靈現象，因此在政策應對上，也都只是以短期的救急措施做因應，很少會針對問題根源研擬長期確實的改善方案。因此在本節中將對

財富集中與經濟衰退兩者關係做更多的論證。

簡單模擬說明

　　假設有一個封閉經濟體只有糧食及手機兩種商品，該經濟體共有 30 個成員，其中兩個是資本家，一個經營農場生產糧食，另一個經營企業生產手機，其餘 28 人為受僱者。農場主人僱用 10 個農夫每期共可生產 30 公斤的糧食，給付每個農夫工資 200 元，糧食一公斤賣 100 元，每期可以得到淨利 1000 元。企業主僱用 10 個工人每期共可生產 30 支手機，給付工人工資 200 元，手機一支賣 100 元，每期也可以得到淨利 1000 元。兩個資本家又各自僱用 4 人為私人幫傭，也給付每期 200 元的薪資，如此一來，每個工人每期都 200 元的所得，恰可購買 1 公斤糧食及 1 支手機，資本家每期 1000 元所得除可購買 1 公斤糧食及 1 支手機外還可多得到 4 個幫傭的生活服務。如果經濟活動一直維持這種模式，那麼經濟循環就可以平穩的反覆流動不生波瀾。但是追求財富是人的本性，資本家每期 1000 元的利潤不一定會僱用 4 個幫傭，他們也可能只備用 3 個幫傭，將其餘 200 元利潤用於儲蓄；資本家支付各員工的薪資也不一定是 200 元，他如果為了獲取更高的利潤只願付 180 元薪水，那麼員工因為還有足夠的錢買糧食，只要減少手機汰換頻率還能正常生活，通常也只能接受；資本家也可能會致力於技術提升，使原先 10 個人的人力需求，只需 9 個人即可完成，而降低人力成本，提高經營利潤。當這些事情發生時，資本家可以累積更多財富，但是被解僱的工人無法再購買手機或糧食，被減薪的工人每期一支手機的購買量，只能降為每期購買 0.8 支，如此一來就會產生消費需求缺口，資本家所

生產的 30 公斤糧食及 30 支手機即無法全部順利銷售。很顯然
地，資本家對財富的的累積必然導致工人的薪資無法購買他們
所生產的全部產品，從而引起企業減產及裁員的收縮迴圈開始
啟動，如果又沒有其他外在因素介入，那麼經濟落入衰退就在
所難免。

封閉經濟體無法做到使所有人存款都增加

　　有些人會主張財富集中並不是問題，只要把餅做大讓大家
都富起來，就不會有消費能力流失問題，這個說法看似合理，
但在封閉經濟體中並不適用。在封閉經濟體中構成實質增長的
財富就只有建築與機器設備，這類財富有些供做一般民眾住宅
使用，其餘則是廠房、店面商場、辦公室、機器設備等企業投
資活動所創造的財富，不論用途為何這些財富並無法對消費能
力提升產生助益。一般人所稱讓大家都富起來的概念，大抵是
指讓大家都可以獲得更高所得、讓大家都更有錢、以及都可以
擁有更多銀行存款。在國際經貿往來的大環境中，如果一個國
家有較強競爭能力，是有可能達到這樣的目標，國際競爭力高
的國家以其較高生產力，較低生產成本向他國銷售商品，所賺
得的外匯一部分成為資本家利潤，一部分成為工人薪資，這些
從經濟體外輸入的外匯財富是有可能成為使大家都富起來的方
式。這種將債務轉嫁鄰國，用其他國家貿易逆差以增進本國經
濟的發展模式雖然可有效發展本國經濟，但以鄰為壑下勢必會
對其他國家的財政況狀及經濟發展產生不良影響。以全球觀點
或在封閉經濟體中，每個成員的貨幣所得只能是從經濟體其他
成員移轉而來，企業的利潤要增加則勞工的所得必然會降低，
並沒有能同時滿足資本家財富可以快速集中，勞工所得又能增

加的方法。在封閉經濟體中各成員的貨幣性資產與貨幣性負債必然互相抵銷使整體淨額為零，要使某些人的銀行存款增加就必然會令另一部分人的存款減少或負債增加，並無法使所有人的淨存款都增加。

央行增加貨幣發行看似可以增加經濟體的貨幣財富，可以補充經濟活動循環所需的資金以供應流動性需求。但實際上央行釋出貨幣的作用，只是在營造更有利於借貸的金融環境，並沒有辦法直接提高民眾消費能力，央行以購買公債的方式釋出貨幣時，那些由財政部門發行公債所創造的資金早已進入市場上流通，央行釋出貨幣只是政府負債科目轉換，並不會增加民眾的存款金額，央行釋出的貨幣只能做為貨幣供給量進一步擴張的基礎以及在金融市場上降低市場利率這些作用而已，並不會增加社會整體淨財富。只有人們願意增加借錢進行消費及投資，央行釋出的貨幣才會有作用，若無法提高人們借錢意願，則這些增加發行的基礎貨幣不會對實體經濟帶來任何效果，而倘若央行釋出的貨幣有提高民眾借錢意願達到刺激經濟的效果，這種效果也短暫而不實在，很容易因借貸規模回落使經濟又轉向衰退。

有些財政紀律不佳的政府，無法再發行公債而直接以央行發行的貨幣為財政資金來源，也就是說其貨幣的發行沒有任何發行準備，如果發生這種狀況通常預告這個國家即將會步向金融體系崩潰的局面。政府發行的貨幣只是一個符號，並不是真正財富，當政府無節制的以創造的符號換取人民實質商品與勞務時，一來社會會累積過多的符號追逐有限的商品勞務，一來人民會對這一符號喪失信任基礎，那麼引發惡性通膨進而使貨幣制度及金融體系走向崩潰自是在所難免。貨幣的脫序發行不

可能成為解決問題的方式，貨幣就只是交易媒介及價值記載的符號，並無法成為使大家都富起來的方式。央行不能無序發行貨幣，那麼相同數量的資金在經濟體內流動就無法使所有人的存款都增加。

投資對促進經濟發展也只有短暫效果

還有一個普遍的看法是雖然有些人將所得一部分用於儲蓄以累積其個人財富，但只要有人將相同數量的資金用於投資即可填補消費不足所產生的需求缺口，而且投資活動還可創造更多就業機會、擴張更大產能並推動進一步成長，這種模式雖是現代經濟發展的常見樣態，但卻有其不可持續性。畢竟投資者不論是以自有儲蓄或借貸資金進行投資，其目的是要賺取更多貨幣，因此投資初期雖然會有一些貨幣投入實體經濟內，但貨幣卻會以更快的速度又集中回到少數人手中，而再度流出實體經濟，使消費能力更大幅降低，需要更多投資才能彌補，當這種模式無以為繼時，就沒有人願意再投資。以下再用本節前面所假想的封閉經濟體繼續延伸模擬來說明其不可持續性，該經濟體中經營手機企業的資本家原本每期可以賺得1000元利潤，並可僱用4個幫傭，假設資本家只需僱用3個幫傭即已足夠，那麼每期可以有200元儲蓄，而經濟體可能會有一人失業，並使整體購買力產生缺口，無法購買全部生產的商品。假設企業家以投資的方式來填補這缺口，他用原本要儲蓄的200元再聘請一個工人進行手機製造設備的生產，這個投資行動就使其200元儲蓄再度流入經濟活動循環中使社會可以充分就業，所有商品也都可以順利銷售，過了數期之後新的製造設備生產完成，資本家多了一部生產手機的機器，也需要新的人力操作機

器。假設又再聘請這個工人進行手機生產，此時他有 11 個員工每期可生產 33 支手機，如果這 33 支手機都能原價順利銷售的話，手機企業主每期的利潤可增為 1100 元，如果他不再繼續投資的話每期變成可以有 300 元的儲蓄，這使他累積財富的速度可以更加快速，但是在這個模擬情境中，多出的 3 支手機顯然無法順利賣出，使得投資活動一結束，衰退危機又馬上浮現。

　　現實世界中，投資活動是可以產生一段時期的推動經濟發展效果。現實世界中，商品多樣而複雜，有很多投資是創新商品的投資，也有很多投資是對既有商品的改良、精緻化或增添新功能，這些新商品可帶給消費者全新使用體驗、產生新效用，因此可以吸引擁有較高財富者以其既有儲蓄進行消費，如此可以將以往被用於儲蓄的資金又重新導回經濟活動循環中，促進貨幣及商品的流通，因此這些投資不只購買資本財階段可以填補消費不足的需求缺口，到了營運階段還可以創造就業機會提高國民所得，實質推動經濟成長，新商品的推出除了吸引既有儲蓄回流消費外，也有可能因為廣告的催化以及寬鬆的信貸環境，促使一般人以擴張信用進行消費，同樣可以達到推動經濟成長效果。成功的新投資可以填補消費的不足，還可以提供更多的就業機會推動經濟成長，也為企業主帶來更多利潤，只是這些利潤都是由經濟體其他成員移轉而來，所以其推動經濟成長的效果也只會是一時的，當新商品的銷售趨於飽合時，投資活動停止後消費缺口還是會出現，景氣還是會再度回落。

　　在不考慮淨投資的情況下，假設在某一充分就業時期經濟體總產出共 100 億，產出的商品全部為消費品，沒有淨投資。企業生產所得的 100 億全數分配給家計部門，家計部門分配到

的 100 億如果全數用於購買企業所生產的商品，則這 100 億可以在經濟循環中反覆流動，沒有景氣變化。如果有人將所得一部分用於儲蓄，就代表一定有人會是負儲蓄，如果少數獲利較高的資本家持續儲蓄累積財富，那麼一段時間過後其他人的既有儲蓄必然逐漸流失或負債逐漸增加，而無法再以既有儲蓄購買商品，這時家計部門所分配的 100 億資金因為有一部分仍被資本家用於儲蓄，因此會用於購買商品的資金就不到 100 億，無法全數購買企業所生產的 100 億商品，而產生消費需求缺口，景氣就會轉向衰退。

　　前段是沒有投資活動的單純狀況。當把投資活動納入考慮後，增加投資雖然可以暫時延續經濟穩定運行，但也只會有短暫效果，因為不斷增長的投資必然會產生市場飽和狀況，並無法無限制地以投資需求取代消費需求。以下再舉一例說明，假設經濟體中有淨投資，某一時期所生產的 100 億商品中 80 億是消費品及 20 億是淨投資，此時這 100 億總產出可以提供正常就業水準。企業生產所得的 100 億將 80 億分配給家計部門，家計部門將 80 億全數購買消費品，其餘 20 億利潤留在企業用於購買資本財，當期經濟活動循環內的資金流量為 100 億。假設資本財完成後會增加 10 億的消費品產能，且假設技術進步人力需求沒有增加，總消費品產能即可增加到 90 億，總產出可成長到 110 億，但如果經濟體無法順利銷售新增資本財所多出來的 10 億產能，則經濟體實際產出並不會維持在原來的 100 億，因為先前的投資效果不如預期，所以原來 20 億資本財的購買就有可能會減少或停止，總產出也就因此衰退。必須要有人先將一些既有儲蓄提出或擴張信用舉借貸款，將這些資金加進經濟活動循環中，所產生的乘數效應才能支撐對全數

110 億商品的購買，如果經濟體所有 110 億的產能都能順利銷售，那麼此時經濟體產出會成長為 110 億，包括 90 億消費品及 20 億資本財，如此經濟才能平穩發展，維持原有就業水準。當第二期這 20 億投資的資本財又完成後，經濟體的消費品產能會再增加 10 億，總數為 100 億，又必須要有人再將一些既有儲蓄提出或擴張信用創造資金投入經濟循環中才能達成對全部 100 億消費品及 20 億資本財的購買，總產出持續成長到 120 億如此才能繼續維持原有就業水準。需要不斷的負儲蓄才能支撐經濟不斷的成長及維持就業的正常水準，以這種模式持續下去，既有儲蓄必然有用盡之時。且家計部門所得增長的過程中，對商品的需求及購買意願並不會同步增加，因為消費傾向遞減、儲蓄傾向遞增的原理，所得成長就會有更多所得被用於儲蓄。當一方面增長的所得會被提撥更多的儲蓄，一方面又已無人願將既有儲蓄拿出來增加消費時，這種成長模式終將會面臨無以為繼的瓶頸，當滯銷商品逐漸堆滿倉庫、產能利用率大幅縮減時，明智的資本家就不可能再繼續投資擴廠，投資的效果無法再發揮，經濟發展也就必然因此出現轉折而落入衰退。這些都是市場經濟自然發展下必然的演變。

經濟衰退是市場失靈現象，必須政府干預才能改善

　　經濟運行過程中，有些人將所得一部分用於儲蓄，同時有些人會以自有資金或借貸資金進行資本財投資，當投資數量不及儲蓄數量時，總體需求下滑，會導致經濟衰退；當兩者數量相等或投資數量大於儲蓄數量時，總體需求可以維持或提升，這可以促進經濟成長，也可以創造日後更高的產能以及更多就業機會。也就是說，因為儲蓄傾向的存在，經濟體必須不斷有

新增投資才能維持充分就業，而這新增的投資又必須仰仗日後更多的消費才能持續，如果投資成功的話也能順利帶動經濟成長，只是在經濟成長的過程中，必然會導致既有資金存量無法再支撐不斷膨脹的經濟規模，也無法滿足隨著所得成長而成長的儲蓄需求，每次遇上這種瓶頸。都必然會促使政府舉借債務擴大公共支出做為暫時解決的方法。當經濟發展過程中，總產出必須擴張到 300 億才能維持充分就業時，如果此時家計部門分配到 250 億所得，但是他們只想進行 240 億消費而將 10 億用於儲蓄，企業也因為消費需求不足，50 億利潤只進行 40 億投資，其餘 10 億以現金保留，此時總需求出現 20 億的缺口，如果沒有加以填補的話總產出就會因此下滑，使人力需求減少、失業率上升、景氣轉向衰退。資本主義並不會有自癒的機制，當需求缺口出現時，就只有政府能擔任填補需求不足的角色，當政府增加 20 億的赤字支出用於對商品購買時，總需求補足到 300 億，就可以完全去化充分就業時的 300 億產能，維持景氣的平穩。

因為財富集中所以資本主義的穩定仰賴成長

所得分配越平均時，對經濟的發展會有越大助益，因為生產所得更平均分配給所有人時，一般民眾就可以有越高的整體消費能力，可以維持越長久的經濟繁榮與成長。不過市場經濟下，企業總是要有利潤資本家才會繼續經營，不論所得分配多麼平均，企業經營的成果，經營者必定會佔有一定比例的份額，當企業規模很大時，資本家就可以取得很大絕對值的利潤，對於這些大額的利潤不大可能全部用於消費，必然有一部分用於金融儲蓄或投入實體投資，逐漸累積之下財富還是會日趨集

中。財富集中並不是只會在企業家身上出現，大地主的地租收入、放貸者的利息收入、優越技能的高執業所得等，也都構成財富集中的重要原因。儲蓄也不會只在資本家身上出現，稍有餘裕的人都會努力儲蓄累積財富。因為儲蓄現象的普遍存在，少數人不斷囤積貨幣，所以必須要有相對數量的新增投資才能維持原有就業水平，而這些新增的投資又必須仰賴日後更高消費做支撐才能持續，這就是資本主義為什麼一定要成長的道理。資本主義制度下必須要成長才能維持就業，當成長動能消失時，經濟發展不只是停滯，而是收縮迴圈的啟動，當成長動能消失時，投資不再，經濟就會因此陷入衰退週期，失業問題也會逐漸惡化。

公共債務與民間儲蓄同步擴張

　　財富不斷集中於少數人的現象再加上政府部門隨時介入的救市措施，是形成資本主義社會景氣循環繁榮與衰退不斷輪替出現的主要原因。在這過程中，民間不斷儲蓄累積財富，因此就必須由政府部門不斷地擴張債務，以供應民間不斷儲蓄累積財富的需求，政府公債雖然主要由金融機構持有，但是金融機構一方面持有公債資產，一方面對一般民眾負有存款負債，金融機構只是做為資金供需的媒介，政府舉債所創造的資金最後實質會是由企業及社會大眾所擁有。因為財富集中所導致的經濟衰退問題是結構性必然，政府短期解決方案所投入的資金又逐漸集中到少數人手中後，經濟衰退的現象又會再度發生，政府就只能再一次膨脹債務才能解決再度出現的衰退問題。政府不斷創造資金注入到經濟體的過程中，除了提供資本家維持企業經營持續累積利潤外，收入較高或生活較節儉的中產階級也

都會努力儲蓄，積儲資金以備養老或未來不時之需，另外社會
保險及商業保險體系也須提撥大量資金，以支應未來的給付，
這些都有龐大資金需求，而只有政府才有能力無限量供應資
金。政府的債務擴張不只是資本家聚積財富的重要來源，廣大
中產階級也都藉此會有逐漸累積的儲蓄，也給各種年金提存得
以匯集龐大的準備金額，這些都造成了公共債務與民間貨幣儲
蓄持續同步擴張的長期走勢。因為有政府部門的淨負債數量才
能成就經濟體其他成員淨儲蓄總量。

通膨隱憂無法預料

　　金融海嘯之後全球各地經濟成長緩慢、失業率居高不下，
逼使各國政府持續不斷地以財政擴張政策刺激經濟發展，勉力
讓情勢不要更壞，舉債措施沒辦法停止，公共債務不斷膨脹，
成為政府施政的一項隱憂。對國民儲蓄不高的中小型經濟體而
言，政府債務以外債為主，有違約風險，債務過多時易因外在
情勢影響而使經濟發展受挫，當債臺高築無法再繼續舉債時，
經濟還有可能陷入崩潰局面。如 1997 年的東亞金融風暴，導
致多個國家嚴重衰退，又如 2010 年的南歐債務危機發生，多
國被迫奉行撙節政策，削減支出並加稅，這又加重其衰退問題，
直到現在希臘的經濟還沒辦法完全復原。美國、日本等大型經
濟體比較不會有違約風險，日本政府舉債籌集的資金大部分是
由其國內民眾認購，所籌得的資金支用出去之後又都由其本國
人民所賺取，成為其民間儲蓄，如此人民又可以有錢繼續購買
政府公債。美元是最主要的準備貨幣，難有替代品，美國政府
發行公債有廣大的國內及國際需求，美國舉債所花出去的錢由
美國民間及全世界順差國所賺取，美國民間及世界各國所累積

的儲蓄又可以再回過頭來購買美國公債。美國與日本的這些類型運作，都形成一個可持續循環擴張的模式，而且這些國家的政府債務都是以本國貨幣計價，貨幣可以無限量供應，如此循環運作似乎可以避免違約的情況發生，比較可能的憂心是惡性通膨的出現。

通貨膨脹會在什麼時以什麼樣的方式出現，無人可以預見。或許會有一段長期 3% 至 5% 的溫和通膨，數年累積之後將實質債務順利降了下來，也或許積壓之下會爆發 10% 以上較猛烈的通膨，使社會經濟出現較激烈調整，人民儲蓄受到劇烈剝奪，社會安全或商業保險的年金給付大幅貶值，依靠儲蓄或年金生活的老年人生活受到很大衝擊，會出現一些民怨或社會混亂現象，但調整完成之後政府仍然會是最大受益者。最糟的情況是由於某些事件的衝擊導致惡性通膨發生，社會經濟活動陷入失序局面，受害的不只是現金持有者，廠商生產失序，商品供應不足，民眾收入及消費都極不穩定，人民生活嚴重受到影響，甚至出現動亂局面，社會需要一段較長的重建期才能再恢復，這種情況出現的機率雖然極小，但也不能完全排除。

資本主義還存在的諸多問題

財產私有制與自由競爭的社會，個人對社會貢獻所得到的報酬，可以安全地儲存、累積及自由運用，這種機制鼓勵民眾願意努力勞動追求自身利益也創造社會福利，因而創造社會有效率的分工合作。市場經濟可以巧妙安排分工，可以有效率進行資源配置，市場經濟的競爭機制激發人們努力追求自身利益的同時也成為推動社會經濟成長、改善人類生活的重大動力。但相對的，市場經濟也同時存在著諸多缺陷。在自由競爭之下

必然會有各種分配不均的現象，也必然會因為分配不均財富向少數人集中而使多數人消費能力流失，造成經濟衰退、產能閒置、失業率攀升的社會問題，失業工人的工作能力及工作意願都還在，但卻無法付出自己的心力貢獻社會並養活自己，自由市場的力量不但不能創造出最高價值，還經常傷害到一部分的人。政府典型的干預措施是擴張政策，但這又會導致公共債務膨脹，並埋下惡性通膨隱憂。

資本主義的自由競爭機制，除了如本節所述會引發經濟衰退、失業率惡化、以及公共債務膨脹等問題外，因為分配嚴重不均也帶來許多過勞傷害與工作貧窮問題，因為經濟的穩定必須依賴不斷的成長，也造成過度消費與環境傷害的問題，這些問題在本章後續兩節中將繼續詳細討論。

6-2 過勞、失業與工作貧窮

貧困國家勞工的惡劣處境

在很多媒體報導中經常會看到一些貧窮地區人民辛苦勞動艱困求生的極端情形，例如在非洲多處礦場中，設備條件落後，礦工必須承受高度的生命風險，有些地方礦工只能徒手開挖，太陽曝曬下經常有人會昏厥過去，一天工作十多個小時只賺得 2 塊美元；在西非的可可園裏，由被販賣的幼弱童工辛苦從事可可豆的採收工作，用刀具收割可可豆，以還未發育完全的身體，吃力的搬運比他們身體還重的收成，每天必須工作長達 12 小時，只能讓自己可以填飽肚子；在印度有為數眾多的兒童，在血汗工廠中每天超負荷的工作，只能取得微薄收入；在孟加拉的皮革工廠，工人每天暴露在有害化學溶液中，吸入化學物質的蒸氣，沒有保護措施，每天辛苦工作 12 到 14 小時，收入還不到 2 美元；印尼東爪哇島伊真火山有一群礦工，在火山口從事硫磺開採，忍受著灼熱高溫在瀰漫硫磺毒氣體的環境中工作，沒有安全輔助設備，完工之後需要背著上百公斤的硫磺岩徒步從火山口走數百公尺下山，腳步稍有不穩可能會墜下火山喪命，每天工作 12 小時，只賺約 12 美元。血汗工廠的壓

榨現象普遍存在很多貧窮的國度裏，根據一些 NGO 組織的調查，在貧窮地區國家很多成衣工廠的工作環境，經常是一周內工作 6 天，每天工時長達 14 小時，不但無法休息，工作環境也極其惡劣，必須忍受悶熱與高溫，而每日工資不到 3 美元，成衣工廠勞工在其所生產的衣服裏藏著控訴工作環境惡劣的紙條，不時被消費者發現公佈而引發討論。可以想見，在全球各地貧窮角落裏還有其他為數眾多的窮困居民，必須被迫在惡劣的工作環境裏，忍受各種辛苦超時工作，賺取的是僅足度日的微薄薪資。

新興及富裕國家也普遍存在過勞現象

不僅貧窮地區的人民生活困苦，在新興國家中，超時勞動也是一個普遍現象，雖然境遇會比貧窮國家人民好一些，但基層勞工的生活也是相當辛苦。以臺灣為例，雖然有勞基法保障，但在低薪情形下，勞工只能盡量加班用時間換取溫飽，工廠通常為了避免淡季工人閒置，也因為熟練工人動作快、訓練新人要成本，通常會傾向用少量工人加班來完成旺季訂單。有些工廠流水線式作業，作業員每天十個小時在同一位置上單調而苦悶的反覆操作相同動作，才能賺得足夠支應一般生活水準的薪資；三班制工廠中還必須犧牲正常的作息，付出生理時鐘混亂的代價來換取溫飽；有些工廠須要操作危險機具，意外、工傷的事件不時發生；有些工廠因為重覆動作或環境特殊，長期任職會累積大大小小甚至致命的職業病痛；餐飲零售業基層員工普遍勞苦又低薪，例如超商店員事務繁雜成天耗費體力的站立及其他勞動，還經常要忍受奧客的無理取鬧，只領稍高於最低基本工資的薪水，因為薪資低通常必須多排班才能多賺一點生活費；社區大樓的保全員，因為被認為屬於低勞動力、監視性

質的待勤業務，工時較一般工作為高，每日 12 小時值勤，並須經常日夜輪班，能賺得的只等於或略高於最低基本工資的薪水；建築工地裏熟練的泥水、板模工，工作粗重耗費龐大體力，還要忍受各種嚴酷天候狀況，薪水稍高於其他基層勞工，但也只能略微改善生活而無法致富；職業駕駛收入不高風險卻不低，客貨運司機配合緊繃的班表經常造成他們必須勞累的駕駛，計程車司機、美食平台外送員報酬不高，必須多跑車接單才足以打平收支，長時間在狀況繁複的馬路上行駛，車禍、意外事件頻傳；打零工者收入更是微薄，例如路邊為建商扛廣告招牌的舉牌員，在烈日下或寒風中站立 8 小時，每日所得不到 1000 元臺幣。

　　高階管理或專業技術員工薪資待遇雖然較高，但也普遍存在工作超時的過勞現象。在競爭激烈，績效掛帥的企業文化中，每個人都必須努力表現，以求保住飯碗及爭取升遷。他們的工作內容大部分無法被量化，雇主雖沒有明白表示要求他們加班，但當這些勞工無法在上班時間內完成任務時，最後的結果便形同逼迫勞工運用自己的休息時間完成工作，當員工可以完成工作時，常又會被增加更多工作份量，難有喘息空間，競爭與績效的壓力下，其精神負擔可能更甚於基層勞工。現代科技也成為工作過量的幫兇，員工被要求隨時待命即時回覆所有電子郵件與簡訊，因為有了科技幫忙，老闆認為如此要求是合理的，員工擔心工作不保，必須儘可能配合公司要求。此外，奮力擠壓人際資源的業務人員；配合公司要求忍受奧客無理取鬧甚至羞辱的櫃檯人員；不斷承受被拒絕挫折的推銷人員；為勞動做準備而日夜苦讀的莘莘學子等，也都是不同形式的過勞。

很多人過勞的同時又有很多人沒有工作機會

　　過勞的辛苦大多只能盡力承受，終究還能有一些尊嚴的生存下去。比過勞更難堪的是失業的處境，失業等於失去了掙取生活資源的能力，坐吃山空的心情令人憂慮恐懼，在耗盡儲蓄之後就只能靠濟助渡日。對還有家庭系統支援的失業者而言，雖然還能過活，隨著失業時間增長，會對於自身未來逐漸增加焦慮情緒，缺少自尊與成就感、缺少生活目的，造成社會生活的適應困難，甚至失去家人的尊重與耐性，形成巨大的精神壓力。失業率的升高更會連帶影響自殺率及犯罪率等社會問題的升高。

　　失業對個人或對社會都會造成極大的負面衝擊，因此所有政府莫不把對失業率的改善列為經濟政策的首要目標之一，具體措施則不外乎促進投資、發展產業、職業訓練、就業輔導、以及由公部門擴大公共建設以創造工作機會等，這些措施也都能發揮一定功效，只是近年來政策效果有日趨薄弱的現象，尤其 2008 年金融海嘯之後，世界各地的失業率都居高不下，或者回復緩慢，有些國家失業率甚至高達數十個百分點，若能將失業率降到 5% 以下就會被認為很好的成就，這還不包括找不到全職工作的非典型就業者，以及因為失望而不再尋找工作的人。有些人認為 5% 的失業率就已經達到自然失業率的水準了，但對比於臺灣在 1960 年代到 2000 年期間，長期以來失業率幾乎都在 2% 以下，如果把 5% 視為自然失業率，好像是可以將數十萬人棄之於不顧的說法那樣的無情，只是政府無能為力的一種脫辭而已。

　　在居高不下的失業問題中，年青人的失業率又遠比平均失

業率高出許多，依勞動部的統計資料，106 年臺灣青年（15-
29 歲）失業率為 8.72%，較全體平均失業率 3.76% 高出一倍以
上。青年高失業率也是全世界的普遍現象，很多原因形成此種
現象，如取得理想工作不容易，在職者不輕易離職；生活辛苦，
中高齡者延後退休；企業壓縮成本減少用人，或改釋出一些臨
時性、派遣性、部分工時、外包等之非典型就業型態；經濟成
長趨緩新增的工作機會有限等。年青人不容易找到理想工作，
大部分人只能在低薪的工作與無業狀態間做選擇，數十萬青年
看不到前途，這個世界好像完全用不到他們的才能。有些人隨
著失業期間延長，尋職能力會進一步下降，失業時間越久越難
找到工作，有些年紀較大、技術較低的失業者，很可能就無法
再找到工作。還有少數無助的失業者露宿街頭成為遊民，以拾
荒、行乞或打零工為生，在城市中流浪。

工作貧窮與世襲貧窮

因為存在為數眾多的失業人口，企業主的用人選擇擁有較
大籌碼，因此可以盡力壓縮薪水的給付，基層勞工為了競逐工
作必須忍受低薪，因為低薪，為了改善家計必須過勞，基層勞
工辛苦勞動，但是勞動報酬卻總是被壓縮在僅能維持基本生活
的水準，形成越來越嚴重的工作貧窮現象。工作貧窮的家庭，
無法為子女提供良好的競爭資源，還會使貧窮問題延續至下一
代，又造成世襲貧窮。年輕人更是工作貧窮的主要受害者，剛
入職場的年輕人，經驗少、資歷淺、職位低，多只能獲得較低
的起薪，待累積經驗資歷後，才有調薪機會，以較少的薪酬，
又要承擔租屋買房、生育下一代、奉養父母等多方面壓力，如
果其低薪的處境未能隨著時間與資歷慢慢獲得改善，還有可能

會失去信心及動力，會對人生逐漸產生失望，衍生其他社會問題。更有越來越多人因為經濟因素減少生育或放棄生育，產生人口老化、勞動力減少的未來隱憂。

工作貧窮者受到多方面擠壓，一方面為了生存必須接受低薪的待遇，一方面又要面對不斷升高的生活開支，如果沒有擁有自己的住宅，生活更是加倍艱辛。同樣是低薪基層勞工，有無自有住房對生活處境又有極大差別，更窮的人沒有自己的房子，房租支出是一筆沉重的負擔，又更進一步壓縮他們對生活用品的購買能力，更窮的人可能有一些負債，利息支出還會再占去一些他們的可支配所得，原本就很有限的微薄收入卻因此經由房租及利息支付轉移給那些資產較豐厚的族群。在低薪與失業的壓迫之下，為數眾多的貧窮人口只能在窘迫與艱苦的環境下掙扎求生。微薄的收入必須謹慎的估量分配在房租、水電瓦斯、食品、衣物、子女教養費等繁雜的生活開支。三餐不繼尚不致於，但其他生活用品則必須能省則省。居住空間狹小簡陋，蟻居、籠居都是普遍存在的社會現象。貧困者除了物質條件缺乏，心理層面一樣難堪痛苦，貧困者不僅必須戒慎恐懼地錙銖必較，因為無法支付合於社會觀感的禮儀支出，它還意味著卑微與羞愧，有時因子女在同儕間不能與人相比也會令父母更加內疚難過。貧困拮据的生活之下，當然不可能會有儲蓄，一旦失業或有重大疾病、意外事故、肢體失能等重大開支時，更會面臨走投無路的困境。

食利現象加深不滿

大多數人為了生活都必須辛苦勞累工作，但是有些人卻可以憑藉利息、地租、股利等資本所得就可長久享有優渥舒適的

生活，西方古典經濟學稱這一類族群為食利階級。貨幣原來是做為交易的媒介，兼具有價值儲藏功能，由於借貸活動會有利息產生，使得貨幣不只原有所賦予的交換價值，還具有繁衍新貨幣的功能。當一個人以其貢獻獲得了可以換取一年糧食的貨幣數量，他如果將這這些貨幣逐次交換所需糧食，尚未花費的部分都先存進銀行收取利息，需要時再提出，那麼他最終除可換得原先的一年糧食外，還可額外再多出一些利息，可以再多換到數天的糧食，比他當初所貢獻的價值還高。如果有人做出了一個巨大的貢獻，等於別人 10 年的勞動價值，得到一個可以供應他 10 年生活費的報酬，又假設資金市場上的無風險利率為 10%，那麼他將報酬存進銀行後，每年所收取的利息都足供他該年的生活費，因此他得到的報酬價值不只是可供他使用 10 年，而是可供他用一輩子，然後還可以傳之後代，世世代代都不用再勞動就可衣食無虞，形成以一時貢獻就可獲得永世供俸的奇異現象，雖然有些不合理，但此類型食利階級卻是資本主義社會中常見的群族。食利階級的收入種類除了利息外，還有地租與股利等其他類型資本所得，金融海嘯事件之後，全球實質利率大多趨近於零，單純以存款或債券利息維生而本金又不會減損的情形較難實現，當前食利階級的收入來源主要是股票的股利收入與房地產的租金收入。

　　土地出租並不會減損土地的價格，沒有經營風險，大多數情形還可以逐漸增值。數十年來長期持續的通貨膨脹現象，大多數人有感於通膨對現金價值的嚴重侵蝕，都會傾向盡量將之轉換為保值資產，房屋成了富人理財的工具，因此房地產經常被炒作到不可思議的高價，中下階層家庭收入的一大部分必須用來付租金或還房貸，剩餘的部分只能勉強維生，沒有儲蓄的

空間。在很多國家，一般人窮其一生的勞動都無法購得一棟簡單基本的房屋，沒有父母幫忙者幾乎終身不可能擁有自己的住宅，必須向他人承租居所，終身的勞動都有一部分是在替屋主打工。有些人勉強以巨額貸款購買了房屋，為清償房貸本息更必須拼命工作並且省吃儉用，才足以平衡預算，成為另一種形式的屋奴，而他們辛苦勞動的成果有一大部分就會因此由土地擁有者所獲取。

擁有土地者對國民生產成果的分享是多方面的，除了將住宅出租收取租金及坐收房地產增值利益外，店面、廠房、辦公室等類型不動產的出租也都可以分得非常可觀的國民所得份額，不僅如此，當地主將這類型不動產出租後，到期續約時又可以享有很高的議價權，因為承租者已經投入大筆房屋裝潢費用，一旦解約這些裝修支出就無法再利用，另覓地點又要再花一次費用，而且如果承租者在此處經營順利的話，就會有很大的傾向要在原地繼續經營，這就給地主很大的議價籌碼，在地主堅持下只能配合其要求逐漸增加租金的支付。更不用說，如果是地理區位條件改變所帶來的交通或人潮利益也必然會以租金調升的方式歸地主所有。地主獲取可觀收益，付出代價的不只是承租者，因為當廠商租用店面、廠房、辦公室從事商業經營時，租金支出是他成本的一部分，他必須將這些成本反應在商品售價上，消費者購買商品時，所支付的價格中會有一部分是用來分攤廠商付給地主的租金，因此可以說，地主所獲取的這些租金收益是由承租廠商與消費者所共同負擔的。有些廠商以自有房地進行生產，雖然他不用支付房租，但是其產品訂價會比照租用土地經營者所生產之同類型產品的價格，因此其總收益會同時包括產業經營的利潤以及隱含的土地租金收入兩種成份，其中內含土地租金收入的部分一樣是由消費者所承擔。

　　在多重優勢之下，地主可以享有豐厚的國民生產成果，在國民生產成果的分配中，地主階層可說是付出最小而獲益最大的族群。

　　股票投資者以其所持有的股權，分享企業經營利潤，但也必須承擔企業經營風險。一般小額投資人訊息落後不容易有超額利潤，甚至還有可能成為被坑殺的對象。穩健的大額投資者比較有可能產生坐收豐厚股利的食利效果，但是因為要承擔企業經營風險，其資產安全性不如地主階級可靠。大股東經營者兼具企業家與食利者兩種身分，大股東如果用心於企業經營，為自己及股東賺取股利的同時也為社會創造福利，則其成功不但不會引發反感，還會受到大多數人尊崇。但有些經營者一方面苛刻勞工，一方面又給自己及經營階層顯不相當的天價高薪，經由股利分紅、自肥高薪、五鬼搬運、內線炒股等多方面攫取利益，又不願意承擔企業的社會責任，這類經營者不論其企業經營績效如何，都會是一般民眾對富豪不滿的最大來源。

　　基層勞工為了生存，沒有太多選擇自由，必須承受長時間單調乏味的辛苦勞動，有些還必須忍受危險髒臭的惡劣環境，但是勞動報酬卻總是被壓縮到僅能勉強支應生活的最低水準。當工作貧窮者承受長期的勞而不獲，賺的錢只能勉強養活一家人而無法脫離貧窮，但卻看到同時有一小群人擁有極多的財富，他們不須付出太多努力，就可以仰賴既有財富獲取可觀資本所得，或有些人只有普通的貢獻就可坐領天價高薪，舒適地享受大量社會共同生產的成果並持續累積財富，這種勞務分擔與資源分配的巨大落差，無可避免地加深階級間的不信任，由此而生的憤怒不滿也極易引起社會動盪。不只貧窮國家或新興國家如此，先進富裕國家也普遍存在這些現象，無時不已的

勞工抗爭運動或階級對立事件所在多有，且先進國家更盛於貧窮落後國家。就如 2011 年源起於美國的佔領華爾街運動，因為貧富差距不斷擴大，所得與付出存在高度落差，種種相對剝奪感成為民眾憤怒的主因，促使許多美國人民走上街頭遊行示威，示威者自稱代表 99% 的基層大眾，受到頂層 1% 的人剝削。簡潔的口號有力表達出很多人的不平感受，立刻得到社會共鳴，因此抗爭活動不只出現在美國各大城市，也很快蔓延至世界各地，成為一全球性的抗爭運動，而此後頂層 1% 這個稱呼也成了社會不公平與階級對立的代名詞。

種種矛盾與不公源自於分配規則的不合理

　　傳統經濟理論認為國民生產所得的分配是由各生產要素的邊際生產力所決定，工人的邊際產能決定他的工資，然而在現實生活中這樣的理論並不容易得到驗證。大部分的行業都是由很多人合作協調共同完成，要計算每一個人的邊際產能收益是不可能的事情，也沒有必要。廠商只會以合於一般市場水準的薪資去雇用相同條件的工人，而不是經由計算工人的生產能力後決定其薪資（少數有特殊能力專長者例外）。廠商是經由比較一般水準的薪資成本與商品收益間的差異，評估有獲利空間後才會投資經營。當生產能力提高或商品售價提高使獲利增加時，大部分的利潤會歸廠商所有，廠商只會給工人一些激勵獎金，並不會因此增加工人的固定薪資。當商品收益減少甚至虧損時，廠商也很難因此降低工人薪資，當廠商持續虧損時，最後只能關廠停止營運，工人則另尋其他合於市場一般薪資水準的工作。由此看來，工人的薪資是由市場競爭所決定，而非由其邊際生產力的高低所決定。因為工人必須勞動才能生存，

當勞動市場供過於求時，勞工只能被迫接受僅足維生的微薄薪資，否則就會失業，因此市場競爭所決定的薪資水平就是工資鐵律所稱總是固定在僅能維持其基礎生活水準的最低所得水平，雖然「維持基礎生活水準」的認知和定義會隨生活型態演變而調整，但是基層勞工的辛勞和拮据永遠不變。

　　從現實現象的觀察中可以發現，決定工人工資以及決定社會生產成果分配的更關鍵因素是由各生產要素的議價能力所形成。生產成果的分配與要素投入者的努力辛苦程度或貢獻程度有一些相關，但並沒有絕對的比例或函數關係。市場經濟強調自由競爭，資本、土地、勞動投入生產後，由各要素投入者各自爭取生產成果的最大分配份額，因為是自由競爭，供給少選擇彈性大的生產要素議價能力強，就能爭取較多的生產成果；供給多選擇彈性小的生產要素議價能力弱，就只取得較少的生產成果，因此生產成果的分配規則主要是依據生產要素的議價能力做分配。在各項生產要素中，土地具有區位獨特性、以及資源稀少性，通常有最高的議價能力，可以取得相對較大的份額，土地的議價能力不只表現在租屋者對房租、地租的沉重負擔，更表現在房地價格的不合理哄抬上，不想終身為屋主打工而想擁有自用住宅者，也必須付出極高昂的購屋代價。勞動的議價能力因人而異，具有特別才能者，人數較少、需求較高，因此可以有較高議價能力，分配較多的生產成果。基層勞工，尤其是資產微薄的貧困階級基層勞工，必須依賴販賣勞動才能生存，而勞動市場總是供過於求，因此基層勞工的議價能力最低，其所能分配到的工資總是會被控制在僅能維持基本生活水準所需的最低數額。資本具有折舊性，企業主有壓力要在資本的生命週期內收回本金並賺取最大的利潤，也必須和其他隨時

出現的同質企業競爭，因此其議價能力低於土地持有者，但企業主可以選擇經營或不經營，當成本過高致利潤微薄時，會有一些資本退出市場而使市場回復正常利潤，因此其議價能力高於勞工。借貸資金支付固定利息，利息的高低主要由央行政策決定，與議價能力較無關係（雖然與信用風險有關，但是其參數也相當固定，議價空間不大），當實質利率高時，資金供應者可以分得較多的生產成果，實質利率低時，資金供應者就只能分得較少的生產成果。

　　資本家對基層勞工的議價優勢表現在薪資、物價以及房租的多重擠壓上，雖然在市場上有很多廠商在自由競爭，但是沒有利潤就會有一部分廠商退出市場而降低競爭程度，因此使資本家在商品市場與勞動市場上都可以有較高的訂價權，可以用較低成本雇請勞工，並能用較高價格賣出商品，以獲取最大利潤，地主收取的租金也提高了廠商營運成本而抬高更多的物價，高房價或高房租又進一步壓縮勞工的其他消費支出。勞工微薄薪資所能消費的商品遠低於自己所生產數量，形成一種控制現象，資本家與地主以掌握生產要素的方式控制基層勞工必須過勞低薪工作，資本家與地主分取大量的勞動成果，而將基層勞工的工資控制在僅能維持其基本生活所需的最低數額水準。資本家的優勢地位可以用較少的成本雇請勞工付出較多的工時，而同樣份量的工作用較少的人以超時工作的方式完成後，相對的就會減少用人需求，降低其他求職者的就職機會，而產生很多人工作太多做不完必須過勞，又有很多人因為工作機會太少被迫失業的矛盾現象。就是因為這些議價能力的巨大差距，而形成基層民眾必須承受過勞、失業與低薪等種種矛盾與不公平處境。

議價能力不對等進一步擴大貧富差距

經濟活動生產的成果大部分是消費財，一小部分是資本財，消費財供社會所有成員生活使用，資本財則大部分由資本家所取得，因為基層勞工辛苦勞動所能消費的商品遠低於自己所生產的數量，更沒有餘裕去分得資本財。資本家以優勢的議價能力，在生產成果中分得豐厚份額，除了供應其優渥的生活消費外，還可以有很大的結餘以現金存款、債權、購置資本財、土地兼併等方式持續累積其財富，也等於持續累積生產要素，這些增加的生產要素又可以分得更多生產成果，再進一步鞏固其議價優勢及控制能力，成為社會貧富差距不斷擴大惡化的主要原因。

修補市場缺陷的努力仍待加強

人類文明的進展，帶給現代人完全不同於以往的生活面貌，舒適便利的日常生活、多樣化的消費娛樂、高端講究的奢華體驗、目不暇給的各類消費商品等，巨幅提升了社會平均生活水準。但是財富雖然有巨大的增加，這些利益並沒有帶來普遍福祉，科技進步與文明發展帶給底層民眾的，雖有稍優於農業社會的物質條件，但更多的是拮据與辛勞的日常。社會資源分配的巨大不均，底層群眾的生活並未因人類文明的進步而有增加絲毫幸福感受，相反的，對貧無立錐之地的窮困者而言，其生存之艱苦可能更甚於在原始蠻荒社會中以採集漁獵為生的人類祖先，必須付出更多勞動才足以勉強維生，不幸的失業者則連勞動維生的機會都沒有。就如亨利喬治在「進步與貧困」書中所用的一個比喻，一個窮苦的失業者若像魯賓遜一樣飄流到荒島上，沒有文明社會裏的先進設備，也沒有與人分工合作的有利環境，他還是可以憑自己的能力捕魚、打獵或採集野果

維生，然而在生產能力超過荒島千百倍的文明社會裏，他卻反而不能生活。

或許富裕的城市需要窮人，所有的工作都需要有人做，想要隨時享有便利的超商服務，就必須有人在半夜看店，想要使用性能強大、價格便宜的手機，就必須 24 小時不停的有人輪流在生產線上輪值作業。想要保持城市的乾淨安全，就必須有人清理打掃汙臭的垃圾。每個人機遇不同，分工位置也有不同，這可以理解，但矛盾的是既存在大量的失業著，卻又要迫使在職者付出超過負荷的更多勞動去把工作全部做完。

在繁榮富庶的現代社會中，有些人勉力掙扎求生，不是因為他們好吃懶做的咎由自取，也不是因為他們碰上了意外、疾病等不幸遭遇，純粹只是因為世襲了貧窮而在這萬物皆已由他人所佔有的社會中身不由己。資本擁有者具有議價優勢也等於擁有對勞動力使用及勞動成果分配的控制優勢，富裕階層控制了生產資源也等於控制了生產成果的分配權，可以達到控制勞動資源的最大使用以及勞動成果的最大留置。相對的，貧困階級為了生存只能盡力配合，在辛苦危險的工作環境中辛勤工作，但是微薄所得卻只能省吃節用的支應於生活的各種必要開銷，必須忍受生理及精神的痛苦與委屈，因為萬一失業面對的會是更難堪的生活無以為繼。過勞、失業與貧窮這些悲慘可以說大部分都是因為現行制度缺陷所造成的人為苦難。

資本主義已經把我們的世界形塑成今天的樣子，有競爭效率帶來的富庶繁榮，也有起始點不公平所產生的貧窮困頓，雖然存在諸多不公平，在可預見的未來，我們仍然需要可以帶來富庶繁榮的市場經濟，因此只能在市場經濟的大架構之下，盡

力尋求修正彌補的方式。政府也都正在努力彌補這些自由市場的缺陷，社會救助、就業訓練、失業保險、全民健保、醫療補貼、廉價公宅、生育津貼、托育補助等等各種社會福利制度，每年撥出龐大金額去補救，勞動法規的保障、所得重分配方案及其他為了改善低所得而做的各種努力，有產生一些正面影響，但效果都不大，因為財富依然持續集中，過勞、失業與貧窮現象仍然普遍存在。這些因為制度壓迫所產生的悲慘，還是須要更多的制度改良才有辦法消除，在修補資本主義缺陷的這個方向上，仍然需要更多的努力。

6-3 環境保護與與經濟發展的兩難習題

無所不在的環境破壞問題

　　近二百年來人類生活水準以驚人的速度提升，但經濟發展不斷推升人類物質生活的同時，卻也正在大量破壞現有的生活環境、快速侵蝕未來的生存空間。因為要供應大量的消費，需要不斷地開採石油、天然氣、金屬、稀土等各種礦藏資源，雖不知何時會到來，這些無法再生的資源總有用盡的一天。海洋及森林資源雖可再生，但在過度捕撈及砍伐下，再生速度趕不及消耗速度，漁源及林源也有匱乏的危機。大量生產與大量消費的過程中，家庭廢水、車輛廢氣、工業廢水廢氣等，污染了河川、海洋、大氣、土壤及食物鏈，惡臭污濁的河川隨處可見、被毒害的土壤難以再恢復生產、飽含各種有害物質的髒污空氣四處飄散、食物鏈中充斥著重金屬及塑膠微粒，在在影響人的健康與生存，很多人都已飽受其害。大氣成份改變所造成的地球暖化、氣候變遷、極端氣候與海平面上升等還有可能帶來人類的重大災難。大量消費製造了大量垃圾，處理速度比不上生產速度，大量廢棄物棄置累積在陸地和水中無法分解，不只威脅魚類、海鳥、海洋哺乳動物的生存，塑膠微粒也經由食物鏈

進到人體中危害人體健康，垃圾燃燒、掩埋、回收的過程中也同樣會污染河川、海洋、土壤與大氣。資源耗竭、環境污染、氣候變遷、廢棄物累積等這些越來越嚴重的環境破壞問題，都構成對人類生存發展的重大威脅。

消費主義文化的各種源由

　　企業的生存需要仰賴人們的消費，企業的成長需要仰賴人們更多的消費，企業為了生存與發展，會用盡一切方法去增加人們的消費。廣告的宣傳誘導自不在話下，各種促銷手法更是令人難以抵抗：時時推出的新款式或導入新功能，再配合新品廣告的宣傳就會讓消費者為了追求流行而提早汰換或增購新品；節慶的氛圍炒作，讓人不得不經常應景增加消費；快速便利的銷售服務以及輕鬆的初期付款方式，使消費衝動毫無阻礙；大量購買的折扣優惠很容易讓人購買過多商品用不完而大量丟棄；在吃到飽餐廳中很容易出現浪費又傷身的現象；用過即丟的商品設計，將久久才須汰換的耐用品變成隨時購買的消費品。這些都讓整個社會在不知不覺中消費了大量原本不必消費的商品。

　　人們本來就有爭強好勝、愛面子、好比較的天性，比較之心會讓我們追求更多，也消費的更多。這些天性在商業廣告宣傳及媒體炫染的大量刺激下，不斷激發人們的消費欲望，形成一種以消費表現自我的消費主義文化、我消費故我存在的思維。明星偶像上層社會的生活型態成為崇拜模仿對象，名人開的車、拿的包、穿的衣服成為媒體評論焦點，在廣告強力導引與社會風氣全面感染下，消費成了很多人的人生目的，很多時候消費不是為了取得直接效用才消費，而是為了炫耀而消費，

消費除了滿足生理與安全需求外，更多時候是為了滿足社交需求、尊嚴需求、以及自我實現需求，通過對商品的消費和誇耀來表現他們的生活方式、身份地位和優越感，而這種競相追逐攀比的消費型態，就大量虛增了很多人的消費需求。

消費主義文化的形成除了人們本來就潛藏的爭強好勝天性以及商業廣告推波助瀾的助長外，似乎也有一些現代資本主義社會不得不然的傾向，數百年來的技術進步與資本累積，企業廠商擁有著巨大的生產力，相同人力可以生產越來越多商品，也因此必得要越來越多的消費量才能夠配合消化，一旦人們都轉念要減少消費時，很可能就會立即出現經濟衰退與失業率升高的危機。假設一支手機可以用五年，因為技術進步、經濟成長、以及手機功能不斷更新，手機的產銷量發展到每人每兩年就換購一支新手機的規模，在每人每兩年就換購一支新手機的經濟體系中，如果所有人都將手機汰換年限延長到四年，那麼手機的銷售量就會減半，手機的製造工人將會跟著減半，製造手機的機器設備也會減半，機器設備的製造工人又再跟著減半，這對經濟的發展可能會是一場可怕災難的開始。當有很多人想要適度減少不必要的消費以節省開支並降低對地球的傷害時，很可能就會導致經濟衰退。當經濟發展遇上重大危機時，政府還會出面帶頭鼓勵大家多消費，2008 年金融風暴狂襲之際，各國政府紛紛祭出各種購物補貼措施，臺灣也採行了發放消費券政策，目的都是為了盡快恢復經濟的穩定與成長，盡快讓失業工人可以重新找到工作。這種必須不斷成長才能維持就業率的資本主義體系，也為消費主義文化增加更多的必要性，而人民生計的考量就成為環境保護運動推展的重大阻力。

經濟發展與環境保護難以兼顧的當代現象

　　經濟發展原本是為了滿足人們的消費需求，發展至今反而變成是為了幫助經濟成長而需要不斷的增加消費，甚而需要不斷的刺激人們進行許多本來沒打算要的消費。現行經濟體系需要成長，只有不斷的成長才能維持就業，減少消費就意味著衰退，就意味著會有更多人將陷入失業困境。技術進步生產力提高的結果，並沒有讓我們生活更輕鬆，只是讓我們消費的更多，早期的技術進步與創新確實帶來了舒適與便利，琳琅滿目的家電用品減輕了家事勞累也豐富了日常生活，晚近的技術進步只增加一些娛樂商品，於是為了經濟的成長，大家必須用的更多、汰換的更快、出遊的更遠更頻繁，必須要大家用的更多，才能讓大家都有工作，於是經濟成長追求的不是更多的幸福而是更多的消費，結果經濟成長了，消費量提高了，人民的幸福感受未必有同樣的增加，但是地球的負擔卻又進一步加重了。

　　因為技術進步產量提高，必須要大家用的更多才能讓大家都有工作，在富裕國家中汽車成了基本生活用品，每個人的行動都要用重量與體積大上本身數十倍的車輛載行，道路上無時無刻塞滿了汽車，不只每個人都飽嘗塞車之苦，製造大量的廢氣又毒害自己；服飾業的快時尚風潮導致每年丟棄無以數計的完好衣物；計劃性淘汰的產銷策略不斷製造過時以創造新買氣，大幅提高了各種電子產品的汰換頻率，電腦、手機等高價商品很多都在遠低於耐用年限前就因為新機種的出現而被丟棄。這一切都是為了經濟的成長，但是經濟成長了，貧窮人口沒有減少，窮困的依舊窮困，工作負擔也沒有減輕，過勞的依舊過勞，一般人民的幸福感受沒有增加，有的只是廠商可以持續的賺錢，有的只是企業可以持續的壯大。在這樣的體系中，

所有人都是輸家，資本家也難倖免，許多人的努力都是希望能留給他們的子女豐厚財富，希望他們的子女可以過著更美好的生活，但是一邊為了子女做打算而努力累積財富，一邊卻又為了拼經濟而傷害地球環境，讓後代面臨更為嚴峻的生存環境，努力打拼的結果反而與他們希望達到的目標背道而馳。資本家又何嘗不知道這個道理，但是在現有體系下只能被逼著不斷追逐成長，在市場激烈競爭下，他們必須不斷的提高生產力，增加商品的產量，並設法把更多的商品賣出去，不如此市場就會為人所攻佔，自己就會萎縮然後被淘汰。企業在環境傷害的議題上飽受責難，但也有其不得不然的無奈。

外部成本未能有效內部化

　　經濟發展提升人類的生活水準也造成對環境的傷害，經濟發展的成果由消費者獲取生活效用及由企業賺取利潤，經濟發展對環境造成的傷害卻由現在及後世的所有人共同承受，這種外部成本的不合理存在早為人所注意，但是能做的改善有限。雖然政府會採取一些外部成本內部化的措施，如空氣污染防制費、垃圾清除處理費、回收清除處理費、土壤與地下水污染整治費等環境稅的課徵，或環保法規對排放標準的要求等，但是外部成本難以羅列計算、政府執法能力也難以完全、以及最主要的環保要求與經濟發展的根本衝突，使得能被內部化的外部成本與真正的外部總成本相去甚遠。嚴格的環保法規限制與環保成本負擔將會使生產能力大降、產品價格大增、廠商利潤大減，這將嚴重影響消費及投資，造成經濟的嚴重衰退，政府部門在顧及經濟穩定下，對環境的保護總是不得不做出許多重大退讓。

國際競爭因素對環境的影響

　　碳排放量激增是所有國家所共同造成的，氣候變遷所帶來的災難也會是所有國家都會共同面對的問題，因此對抗氣候變遷這種共通性的問題，需要有全球一致性的行動。但是在國際政治現實中，各國領導階層必然會全力爭取自己國家的利益，在民主制度下，民選政府更必須全力維護人民現有的生活福利，政權才能鞏固與持續，因此儘管無數的科學證據指出全球暖化、氣候變遷的問題不斷加重，儘管有無數的聲音呼籲政府部門應加速採取防治行動，但是在本位主義下，各國政府為了本國就業、本國商人利益、以及本國民眾的舒適生活，很難有國家願意為了全球性的問題而逕自或率先付出自己國家經濟發展減緩的代價，在沒有強力約束力之下也很難達成國際間的真心合作，2015 年好不容易多國共同簽署的巴黎協議，不到三年時間在 2017 年美國就宣布退出，其他國家也都很難依照協議規範達成各自所應達成的目標。這些現象也都是構成地球環境破壞日益加重的重要原因之一。

　　當前的世界經濟發展狀況，窮國與富國之間的差距極其懸殊，新興或落後國家為了追趕經常不得不犧牲對環境的更大傷害來成就經濟的發展。發展中國家必須犧牲自己的河川、自己的空氣、自己的土壤為先進富裕國家製造廉價的商品，如果提高了環保標準，增加的環保成本會令他們無法與其他環保標準較低的國家競爭，就無法讓國家從貧窮的處境中脫離。有些時候落後國甚至必須犧牲自己的河川、空氣、土壤，為先進國家處理他們所製造的垃圾，因為許多人可以靠此為生。這些現象不只嚴重傷害窮國的環境，也讓富國的民眾可以更有能力更沒顧慮的盡情消費，然而海洋是相通的、空氣是相通的、氣候變

遷更是全球一致性的，當富國盡情消費的同時，對環境破壞所造成的影響最終仍然會使自己同受其害。

適度減少消費並不會降低幸福

　　大量充斥的廣告宣傳，一直告訴我們購買更多的商品就可以獲得更多的快樂，不斷激發我們去買更多產品的慾望。各式各樣的商業炒作不斷灌輸我們以消費為目的的人生哲學，大幅改造了社會的主流價值觀，為了要有豐富精采人生必須盡量嘗試不同的體驗、使用新奇的商品、品嘗不同的美食、體會不同的文化、參觀不同的美景，因而增添了無數由想像所創造出來的需求。而人們以為自己內心的渴望，很多都只是順應社會價值觀的從眾行為而不自知，很多消費活動為的也只是想能拿來跟別人說嘴而已，諸如對名牌、美食、遠途旅遊、新奇商品等的追逐，如果無法對他人誇耀，這些消費所能帶來的效用必然就會大打折扣，有些甚至完全不存在。不斷增長的消費構成對環境持續加重的傷害，然而人們以環境為代價盡情消費的同時，本身又增加多少真正的快樂呢？值得深思。

　　幸福經濟學的研究認為收入增加並不必然有助快樂增加，在不同國家之間人均收入的高低與各國人民的平均幸福程度並沒有明顯的關係，在收入達到某一水準以前，幸福感會隨收入增長而提升，但超過那一水準後，這種關係就不明顯。儘管這些論點並沒獲得主流經濟學的普遍重視，但仍具有很大的參考價值。在富裕先進的國家，多數人民生活上的基本需求如食物、衣服、家電、汽車等大部分都已獲得滿足，再繼續擴增的消費，很多都只是在攀比之下所進行的消費。就像為追求流行而堆滿衣櫃的衣服、為吸引購買或送禮體面而過度包裝的商品、為講

究精緻或豪氣而大量丟棄的食材、為誇耀或跟風而進行的勞累旅遊等，這些消費所能產生的效用都是可有可無的主觀感受，減少這類消費是否減少快樂也都只在一念之間而已。如果所有人都減少一些這類攀比消費，真正的效用沒有降低，大家相對位置都保持相同，當然就不會降低平均的快樂感受，而當多數人都願意減少一些這類的攀比消費時，就能給我們的地球環境很大的喘息空間。攀比消費是衍生出來的需求，而不是人類的基本需求，要改變並不困難，就好像古代富豪有三妻四妾是很常見的現象，但是當社會價值觀改變後，現代社會再怎麼有錢有勢的人，也不會堂而皇之的同時擁有多個妻妾，名人一旦出軌就會飽受輿論撻伐。與生俱來的本能需求都可以因為社會規範而有效節制，衍生出來的需求當然更可以透過觀念的改變加以消除，只要社會風氣不認同過度消費，不再給予欽羨或讚賞的眼光，反而視之為是佔用後代子孫資源的不良行為，那麼過度消費的現象必然會大量的減少。

　　減少過度消費並不困難，但是要再進一步降低實質的生活水準可能比較沒那麼容易，畢竟由儉入奢易，由奢入儉難。可以舒適的乘坐私人轎車，就很難再回頭去跟人家擠在顛簸的公共汽車裏；有涼爽冷氣吹，誰也不願意忍受悶熱的不舒適；可以隨興自在的使用塑膠袋、瓶裝水，就很難再叫人要隨時費心的準備購物袋、水壺等麻煩物品。這些方面消費行為的改變，除了觀念的宣導推廣外，還更有賴於政府的政策引導。只要落實使用者付費，將外部成本充分反應在商品價格上，讓使用更多資源的人也必須為後代付出更多代價，如此既能節制消費，又可籌集更多資金用於綠色經濟的發展，這麼做雖然必然會引起一些民怨，但是基於人類的永續生存發展，應該還是會得到

諒解與支持的。

推動減少消費之前，須先設法消除對成長的依賴

　　我們所賴以生存的地球環境，正逐漸被我們自已所毀損傷害中，這是大多數人的共同認知，公部門及很多民間團體或個人也都努力在進行各種防治與修補措施，然而效果總是有限，防治修補的速度遠不及破壞毀損的速度。雖然我們都意識到這個社會存在太多過度消費，絕對有很大的空間可以在不影響生活品質或只減少一點享樂、只增加舉手之勞的情形下就可很大程度降低對環境的傷害，但是環保理念的推廣卻總是效果不彰，主要的癥結就在於消費的節制與企業發展及人民就業間存在著嚴重的對立矛盾。

　　在現行體制下，持續成長是維持經濟穩定保障民眾生計所不可或缺的，但節制消費減緩對環境的傷害，又是為了後世永續生存所必須努力的方向。在追求成長必然加速破壞環境、節制消費又必然阻礙成長的兩難困境中，生計是眼前必須迫切處理的問題，生存是子孫以後才會面對的問題，兩者之間的選擇環境保護的重要性必然會被擺到次要的順位考量。因此環保生活的理念要能得到廣泛的認同，還必須先調整目前的經濟機制，必須先設法尋求出一種不必依賴成長就可維持經濟循環穩定運行的機制，這會是環保理念能順利推展的先決要件。減少過度消費並不困難，減少一些文明享受也是政策可以引導的。但是最困難的癥結還是在於當消費減少之後，就會使這個必須依賴成長才能維持經濟穩定的社會陷入衰退危機，當經濟一旦陷入衰退情境，就必然又走回鼓勵消費救經濟的老路，而產生進退兩難的局面。因此在致力環保努力的同時，必須得先探索

出一個機制，先探索出一個能在消費減少之後還能維持經濟的穩定不會受到破壞的機制，使人民的就業生活不會因大眾的減少消費而受到衝擊，如此環保運動的推行才有成功的可能。

迫切需要的努力方向

　　人類出現在地球已長達數十萬年，文明歷史的發展也已有數千年之久，一直以來自然資源似乎取之不盡，生產、消費與再生產都可以維持基本的平衡，地球也得以持續供養人類，但是最近兩百年來，卻開始以驚人的速度消耗地底、山林及海洋資源，並大量製造累積難以處理的有害物質，當前生活水準的提升實大量來自於對自然資源的消耗以及對環境的破壞。為了追求今天的美好生活，而沒有節制的侵蝕明日幸福的根基，只因為嚴重的後果還沒到來，我們就認為不會發生，這些都是對後世極不公平的做法，繼續大量透支自然資源及破壞自然環境，未來必然要付出更大的代價來解決。雖然氣候變遷和資源耗竭好像是很久以後的事情，雨林與海洋也離我們很遠；我們不知道文明的浩劫是否會發生；不知道石油、天然氣用完之前，再生能源是否可以順利接軌；不知道地球升溫兩度之前，碳減排及碳消除科技能否將大氣濃度降到安全標準以下；不知道大量垃圾無處可去之前，可分解的包材是否能替代塑膠足量供應人類龐大的需求，但是髒臭的河川、污濁的空氣、充斥垃圾的大地及海洋、累積高濃度塑膠或重金屬的海洋漁產、頻繁發生的極端氣候，這些都是已經普遍存在且日益嚴重的現象，對我們的危害已日益加重。不只是為了後代，也是為了我們自己本身，對環境的保護都是我們迫切需要加強的努力。

　　或許科學技術的發展最終還是可以解決多數環境保護的問

題，但目前的發展還不足以令人有樂觀的進度預期，環境危機仍在逐漸加深之中，在有效的科學解決方案還未出現之前，減少浪費、多一些愛物惜物會是我們現今迫切需要的努力方向。我們不知道科技最終有沒有辦法徹底解決環境傷害的問題，而減少消費是我們現在能做的，我們必須現在就盡量做。拜科技之賜，我們得以享受文明的眾多成果：電力設備、通訊傳輸、影視娛樂、生技醫療、交通運輸等等先進技術目不暇給；我們已經消耗太多東西了：時裝、美食、旅遊、琳琅滿目的生活用品及娛樂商品、隨用隨丟的容器及包材等等不一而足。如今很多的物質消耗只是無謂的攀比而已，並不能帶來更多的幸福，為了後代也是為了我們自己，消費觀念必須做出適當的改變：避免無謂的攀比消費、延長物品的使用壽命、減少拋棄式用品和多餘的包裝、冷氣盡量調高、私人汽車盡量少開等等，這些做法並不困難，只是減少些微的方便或享樂，就可爭取很大的空間，可以讓人類在文明災難來臨前能及時找到科學解決方案，以順利化解這些環境資源對人類發展的限制。而在此之前，還必須先改變經濟發展的結構，必須先盡快建立一個不必依賴成長就能維持經濟穩定運行的社會環境，只有人民的就業生存不必依賴不斷堆高的經濟數據，節儉的矛盾才能夠被化解，節儉的美德才有辦法持續的宣揚並推動，才能夠有效改變消費主義文化的價值觀，進而大幅降低過度消費對地球的傷害，以讓地球可以取得喘息空間，讓環境可以獲得復原的機會。

第七章　邁向大同理想之路

7-1 既有的各種改善措施與瓶頸

　　資本主義體系是一個自然演進形成的經濟制度，基本精神是私有財產權與市場競爭機制，其最大優勢就是效率。但資本主義也同時先天就存在分配不均、貧富差距懸殊、經濟波動劇烈等不公平與不穩定的問題；資本主義的長期發展又再衍生出公共債務膨脹與環境傷害等問題。資本主義所存在的缺陷長期以來就一直為人所詬病，因此包括政府部門、學術研究機構、非營利團體、社運人士等有很多人都在努力尋求改善方案，政策當局也不斷的在對制度本身做修改調整，盡力修補資本主義的這些缺陷。雖然各方都在努力尋求解決問題，但是貧富差距仍在持續擴大，環境傷害也在不斷加深。很顯然，既有的這些努力都有其無法突破的瓶頸，而無法真正有效解決問題。

經濟成長無法改善社會性貧窮

　　藉由發展經濟推動經濟成長以提高人民所得，是改善貧窮問題的最主要做法，也普遍取得良好的成果，但是當經濟成長到一定程度後，經濟的持續成長對貧窮問題已難再有顯著的改善作用。貧窮可分為生理性貧窮與社會性貧窮，生理性貧窮指

無法支應基本生理需求的貧窮，缺乏食物和住所，生活陷入困境，這是一種絕對性貧窮；社會性貧窮則是指負擔不起普遍的生活方式、沒有足夠的金錢參與一般社會活動、無力支應符合社會禮儀標準的費用等，是一種相對性貧窮。經濟成長可以解決部分貧窮問題，可以改善生活的物質條件，但是沒辦法改善貧窮人口的勞苦與困窘處境。就如工資鐵律所稱，基層勞工的薪資總是固定在僅能維持基礎生活水準的最低所得，而這個基礎生活水準的標準會隨著文明的發展而改變，因此經濟的成長對窮困階級的物質生活也可以有一些改善，但是經濟成長之後雖然所得有些增加，必要的開支也會增加，因此他們的勞苦不會改變，他們的拮掘也不會改變。例如當技術進步生產力提升，紡織工人的衣物生產能力從月產 100 件提高到月產 200 件時，他們所能分得的勞動報酬可能僅從 50 件增加到 80 件，但這時候可能多了一種民生必需品叫做手機，多了一種固定支出叫做門號費用，以致於他們所提高的報酬並不足以填補增加的生活費用，於是他們必須更加辛勤的工作，將衣服月產量從 200 件增加到 300 件，然後分得的 120 件勞動報酬才足以平衡他們所多出來的生活費用。技術進步了，衣物生產能力提高，科技創新了，人人有手機可用，但是資本擁有者總是會極力的安排勞動資源的最大使用以及勞動成果的最大留置，基層勞工的生活仍然是一樣的辛苦與困窘。

　　很多人經常會說政府應該更致力於把餅做大讓所有人富起來，自然就能解決貧窮問題，這種說法在封閉經濟體中是無法成立的，而縱然能在國際競爭中以超額的勞動付出及環境犧牲去賺取外匯，勞工的生計或許可以寬裕一些，但其效果也仍然有限，大部分的成果還是會由資本家所獲取。以全球一體來看，

無論經濟如何成長都無法讓所有人都富起來，土地、貨幣、資本設備是構成財富的元素，土地無法增長當然無法讓大家都富起來；貨幣只是一個符號，當大家都更有錢時，就代表公共債務也相對增加，而這必然會以通貨膨脹的方式削減貨幣價值，使民間持有的貨幣財富價值又回到原點，因此也無法使大家都富起來；資本設備會增長，但是必須配合終端商品需求量的成長，資本的增長才有意義，否則就是無效的資本，因此資本設備的增長有其侷限，而且也只會掌握在少數人手中，一樣無法達到讓大家都富起來的地步；股票資產的增長與資本設備增長是一樣的道理，只有終端需求提高時，股票規模與股票價值才會跟著成長，終端需求的提高又必須一般人民財富先有所增長才會隨同成長，因此股票財富的增長是人民財富增長的結果，而不是原因，要靠股票以指數型成長來達到所有人都能致富的說法也是一個不切實際的想像，這個世界不可能達到所有人都富起來，所有人都靠資本所得享福的境界。房屋要有人建蓋、商店要有人看顧、餐廳要有人做菜洗碗，所有的事情都要有人做，就算有智慧機器人，也要先有人去把它組裝起來，富裕的城市需要窮人，不論經濟如何成長，在自由競爭體制下的生產成果分配，基層勞工的份額一定會被擠壓到最少，而他們在勞務的分配中就必須承擔更多的辛勞。

社會安全制度有其功效，但受到財政能力的限制

在先進國家中，各種社會安全制度的施行對縮小貧富差距、改善貧窮問題有發揮很大的功效。社會救濟措施對無依無靠、沒有勞動能力或因意外一時沒有生活來源等貧窮與不幸者，給予必要救助，保障其能有基本生活水平；社會福利制度

對經濟弱勢者提供生育、醫療、教育、住房等各種生活補助，減輕弱勢者生活負擔，改善其生活水準；社會保險透過風險的分擔，讓儲蓄有限的一般大眾在面臨各種狀況時，都能維持正常生活水準，免於匱乏的擔憂。這些制度緩解了很多貧窮的困境。但是社會福利制度必須要有充裕的財政能力做支撐，只有先進國家才有能力提供較完善的福利措施，而長年的經濟低迷與政府債務膨脹，已令先進國家的福利制度也越來越難維持，有些地方已因福利太過優渥導致財政陷入困境，而被迫大幅削減既有的福利措施。社會保險制度也常因為入不敷出而面臨提高保費或削減年金給付的世代衝突現象。當政府的債務規模日益膨脹，財政收支日趨困窘時，政府透過社會安全制度改善貧窮問題的能力也會不斷地被削弱。

教育只能略增階級流動，無法改善貧富差距

　　教育常被視為改善貧富差距的重要手段，各國政府莫不把教育的普及列為施政重點之一。不論從一般觀察或實證研究，教育程度與所得收入皆存在高度的正相關，因此很多人都會盡力追求更好的教育作為改變個人處境的一個方式。不過只要稍加思考就可以很容易理解，教育雖然可增加階級流動的機會，但是對改善貧富差距的功能，其實是非常薄弱的。假若一個人比其他人有更好的知識技能，他是可以取得較其他人高的收入，但是如果所有人的知識技能都一起平均的提高了，那麼所有人的職務分配就又會回到原來的分布情形，管理的依然做管理，基層的依然做基層，而基層的工作並不需要額外的學歷，並不會因為有較高的學歷，就可以取得較高的收入，仍然只能維持原有的薪資水準。因此不論教育如何普及，在競爭之下工

作貧窮的現象都無法因為教育水準的普遍提高而消除。

　　教育可以提高勞動生產力，但這只限於高階管理或高專業技術的工作。社會中的高階管理或高專業技術職缺是固定的，大家都普遍提高學歷後，後能夠取得理想職缺的仍然是原本競爭力就比較高的那些人，其餘的人能夠取得的仍是不須高學歷的工作，反而形成過度教育的問題，造成教育資源的浪費，甚至還會因為高不成低不就造成失業的反效果。以台灣普設大學之後的發展情形來看，台灣普設大學之後二十年多年來，社會大眾教育程度普遍提高了許多，但是年輕人低薪依舊，整體實質薪資水準幾乎沒有變動，就是一個很明顯的例證。

　　當然，教育資源的投入是必要的，這可厚實國家本身的人力資本，帶動經濟成長。公平的教育機會更是必須的，這能減少起始點的不公平，讓有潛力的人可以有機會充分發揮他的才能，為社會提供更大服務，也能增進更多階級流動。但是若把教育當作是改善貧窮問題、縮小貧富差距的重要方式，則是錯誤的期待。

勞工運動抗爭或勞動法令的保障無法改變勞工的議價劣勢

　　社會生產成果的分配由議價能力決定，基層勞工議價能力低，必須分擔較多的勞動以及只能分配較少的成果，因此進步的國家會在法令上給予勞工較多保護。勞動法令的規範對勞工權益的保障有很大效果，從十九世到現在，勞工保護法令的不斷改善，使勞工的勞動條件都能有長足進步：基本薪資逐步提高、最高工時逐漸降低、工作環境安全條件日益改善、童工問題在先進國家已甚少見。但是這些進步在國際競爭日益激烈且經濟成長趨緩的今日也遇上了一些瓶頸，因為經濟發展疲弱，

資本家總是會以影響國際競爭力為訴求，要求減少勞動法規限制，甚而威脅要出走或歇業來對抗勞動法令前進的步伐，在這種國際競爭的大環境下，政府或勞工團體大多不得不妥協退讓，而勞動法令對勞工的保護程度也就很難再有所進展。

　　工會組織集體行動是勞工增強其議價能力的一個常見方式，但是工會集體談判所能爭取到的勞動條件都在資方願給的範圍內，與個別議定的勞動條件差異不會太大。工會最強烈的議價籌碼是罷工，但是罷工參與者本身必須忍受極高的風險，必須付出極大的代價，罷工行動並不容易付諸實施，真正付諸實施的罷工行動多半是兩敗俱傷的局面收場。少數成功的罷工行動所能爭取到的權益也是單一局部的，對整體分配不均的現象沒有改善作用。弱勢者訴諸輿論對政府及資本家施壓的抗爭行動更難產生具體效果，無數的社會運動不斷進行，財富不均依然持續惡化。因為資本家可以忍受虧損、可以忍受關廠，但是勞工無法忍受匱乏、無法忍受飢餓，因此不論工會的集體行動或勞工運動的抗爭，效果總是微乎其微，改變不了勞資雙方先天上的優劣勢地位。

以租稅改革實現重分配的理想阻力重重

　　租稅的主要目的是獲取財政收入以支應政府各項政務支出，除此之外租稅還具有引導經濟活動走向以及促進所得重分配的功能，對不勞而獲或大額所得課徵較高的稅率，對收入微薄的辛苦勞動者減輕其租稅負擔，有助減少貧富之間的所得差距，達到所得重分配效果，因此累進稅率的所得稅制乃被各國政府所普遍採行。理論上累進稅制的最高稅率越高，對所得重分配的效果越大，例如美國在二戰時期以及二戰後很長一段時

期，累進所得稅的最高稅率都高達 80% 以上，對當時的貧富差距問題發揮很大的改善效果。但是租稅制度的訂定或變革是社會利益分配的激烈戰場，對有權有勢的富人加重課稅必然會遇上各種巨大的阻力，會出現各種反對的理由或手法，以阻擋增稅政策的施行。各種理由或手法包括檯面上的理論爭辯或撤資的威脅，也包括檯面下政治獻金的利誘或政策制定者與資本擁有者根本是同一群人。而其中最大的障礙就是國際間為了爭取跨境投資所形成的國際租稅競爭現象。在全球化環境下，資金可以自由移動，資本家可以在全球各地尋找最有利的投資環境，資本家在評估投資地點時，租稅負擔是一項很重要的考量，因而各國政府為了要吸引外來投資，也為了避免國內廠商出走，只得在賦稅制度上向資本家做更多的傾斜。而且只要出現一些向富人增稅的研議，資本家必然就會以撤資或出走做威脅，要是能順利提高一些富人稅，也必然會真的出現一些資金出走效應。也就是說在全球化的環境下，較高的稅率很容易就會產生資金外流、投資縮減的現象，而不利經濟的發展。這種現象使得透過租稅調整以促進所得重分配的功能受到極大限制，也成為貧富差距擴大現象很難獲得改善的最主要原因。

　　近來有學者建議開徵全球一致的資本稅，如果真能實現對改善貧富差距必然能夠發揮巨大效果，只是在國際間並沒有任何的力量可以約束各國政府採取協同一致的政策，這種提議很難有可付諸實行的具體步驟，提出此項建議的學者皮凱提本身也認為這樣的全球性稅制是烏托邦式的，需要高到不切實際的國際合作。在可預見的未來這種理想實現的可能性並不大。

必須思考更有效可行的方法

　　數百年來，科技發展與資本主義制度的共同推動，使人類生活水準獲得空前提升，尤其是最近一個世紀以來的發展更為顯著。只是資本主義協助經濟發展並提升人類生活水準的同時，資本主義體制所衍生的各種問題卻也日益嚴重，雖然資本主義本身也不斷地被調整改良，但是各種問題還是沒有減緩跡象，財富集中、貧富差距懸殊、地球環境破壞等問題仍在不斷壓迫社會底層以及危害所有人的生存環境，現行的改善措施都有其無法突破的瓶頸，實有必要再思考探索更有效可行的解決方案。

7-2 財富集中可以扭轉

租稅重分配政策是改善財富集中現象的最有效方式

財富與所得分配不均是當代社會的一個重大問題，並且在資本主義機制的運作下還在持續惡化中，絲毫沒有減緩跡象，經常令人誤以為財富集中似乎就是資本主義的宿命，為了保有資本主義的競爭效率，只能忍受越來越嚴重的不公平。不過如果從過去曾經發生過的歷史事件觀察分析，應該不用感到如此悲觀無力。根據二十一世紀資本論作者皮凱提的研究統計，歐美各先進經濟體財富分配的差距程度在 19 世紀末 20 世紀初紛紛達到歷史的高峰，其後從 1930 年代起，財富分配不均的程度有快速收斂，並持續到二次大戰結束後財富分配差距程度降到相對低點，此後不均的程度變動不大，一直停留在谷底的位置，直到 1980 年代以後財富分配的不均程度才又再以較快的速度擴大，並持續升高到現在，時至今日不均的程度似乎又即將要追上 20 世紀初貧富差距最嚴重時期的狀況。從這一段近代歐美各國財富分配演變史可以看到，貧富差距擴大並不是資本主義的宿命，財富分配並沒有必然朝向某個方向發展的法則

或動力，高度財富分配不均的社會也不是難以逆轉的狀態。大蕭條及二戰時期的財富分配變化告訴我們，財富的分配會深受政治、經濟、社會與軍事情勢與所採取的政策措施而有不同的演變，因此只要透過適當的政策選擇，應即可有效達到改善財富分配的目標。

以美國為例，在這個早期全部由移民組成的新世界裏，原本財富不均程度不像歐洲舊社會那麼極端，到了 19 世紀末 20 世紀初美國社會的財富分配不均程度有顯著加深，但還不及英、法等歐洲舊社會嚴重。1920 年代美國所得分配不均呈現急速擴張，並在 1929 年股市大崩盤前達到頂點，之後在大蕭條與第二次世界大戰的接連衝擊下轉而持續大幅縮小。大蕭條與二戰對美國經濟社會的影響是多方面的，其中一項關鍵性的變革就是稅制改革。新政時期急速擴張的各種公共建設、公共服務及福利救濟措施，都需要大量財源，必須要設法增加稅收支應，因此調高多種稅率，並開徵一些新稅。到了第二次世界大戰期間，資金的需求更為龐大急迫，因此又再進一步調高遺贈稅、累進制所得稅等這些稅項的稅率，其調升幅度對富人產生非常重大影響，二戰期間到二戰結束初期美國的個人累進所得稅最高稅率高達 82%，企業所得稅及遺贈稅最高稅率也分別達到 40% 及 50% 水準，很顯然的，這種對富人課徵高額稅款，再以各種政策措施重分配到所有民眾身上的機制，就成為大蕭條及二戰期間美國貧富差距可以大幅縮小的重要原因。以此觀之，今日如果也再度採取二戰時期超高稅率的累進所得稅，必然也可以再大幅縮小貧富差距。甚且可以說，在講求自由競爭的資本主義社會，想要能扭轉財富集中趨勢，也只有透過租稅政策的重分配調整，才會是最長久有效方式。

國際租稅競爭是租稅改革的最大障礙

經由租稅政策調整，可以有效縮小貧富差距是很自然的邏輯推論，但是租稅制度的訂定或變革是社會利益分配的激烈戰場，對有權有勢的富人加重課稅必然會遇上各種巨大阻力，會出現各種反對的理由或手法以阻擋增稅政策進行。有些人會從公平的角度上否定這些做法的正當性，認為針對富人增稅措施，是另外一種不公平，是對勤奮努力創造財富者的懲罰；有些人會利用民眾都厭惡加稅心理，製造輿論反對增稅的聲音；也有些人從理論建構上否定增稅的效果，認為對高薪資者課重稅會降低勞動意願，對企業課重稅會降低投資意願，並因此造成經濟衰退，稅收反而會不增反減。當然，這些論點都不難找出更強力的理由與證據來加以推翻，以下略作簡單說明。沒有國家政府的存在，富人就不可能安穩的累積、保有、使用其龐大財富，富豪就不可能成其為富豪。有完善政府組織的社會環境，高所得者才有條件成就其高所得，因此收入高者當然有必要負擔更高稅率，有國家龐大公權力保護，個人才能安全保有及自由運用財產，因此有越多財產受保護就應該要繳納越多的財產稅，這些都是使用者付費的天經地義道理，完全不是對富人的不公平待遇。供給面學派所主張降低租稅負擔可激勵生產力並增加稅收的理論則完全經不起歷史檢驗，二戰後初期延續戰爭時期的高稅率直到 1960 年，美國個人所得稅最高稅率一直在百分之八十以上，1960、1970 年代也都還高達百分之七十，但是完全無礙於當時的經濟發展。到 1980 年代採用了供給面學派減稅主張後，並沒有因此而加快經濟成長幅度，也還是要靠更高幅度舉債、更大規模財政擴張措施才能維持經濟平穩發展，甚且國債規模與財富不均的程度都因此而開始持續

惡化。

　　富人各種對抗賦稅改革的方式中，有一項因素確實是推動租稅改革的最大障礙，那就是國際間為了爭取跨境投資所形成的國際租稅競爭現象。全球化時代，各國政府為了要吸引外來投資，也為了避免國內廠商出走，大都不得不在賦稅制度上向資本家做更多傾斜，因為在全球化環境下，對資本或資本所得課重稅很有可能會造成資金外流、投資縮減，而導致經濟衰退、失業率上升的反效果。這種現象使得透過租稅調整以促進所得重分配的功能受到極大限制，也成為貧富差距擴大現象很難獲得改善的主要原因。因此要致力於賦稅改革藉由租稅重分配功能改善貧富差距，必須先找出可以不受國際租稅競爭影響的稅項，從這些稅項的調整著手，才能比較容易達到預期效果。這並不難找，在既有稅項就有兩種稅可以符合這個特點，那就是土地持有稅與遺產贈與稅。土地稅完全不會受到國際稅制競爭影響，可由一國之內完全自主決定，遺贈稅雖有可能產生一些資金外移效應，但也會有很高的避稅成本，因此只要遺贈稅率設計得當，可將資金外移效應降到最低。除此之外這兩種稅還同時具有其他諸多優點，簡述如下：一、這兩種稅也都比較不會影響市場機制，可以讓市場持續發揮其競爭效率的功能。二、地租與遺產都是屬於付出極少就可以有很大獲益的所得，對此加重課稅，符合公平原則。三、對土地持有課重稅還可抑制投機炒作，實現居住正義。四、土地與大額資產都是要透過龐大國家機器的運作，才能安全自在的保有與運用，對土地持有及遺產轉移課稅符合使用者付費原則。因為這兩種稅具有如上的諸多優點，因此只要運用得宜，並搭配現有各種制度法規，即可基本控制貧富差距不再惡化，達到扭轉財富集中現象的目

標。

以地價稅及遺贈稅改善財富集中的基本構想

　　財富集中來自於所得分配不均，高所得者通常有較多儲蓄，持續累積之下自然形成財富集中。而所得分配不均又主要來自於富裕階級以錢滾錢所產生的資本所得指數成長效果，因此想改善財富集中現象就必須要先從消除資本所得指數成長現象的方向著手。資本所得的類型主要有地租、利息、利潤、及資產增值所產生的資本利得等，其中地租收入及土地增值利益可說是當前國民生產成果的分配中，付出最少而獲益最大的一種所得，理當予以盡量降低，不過在自由競爭的市場環境中，地租及地價也是由供需法則所決定出來的，難以人為介入強制訂定其價格，因此變通方式可以透過土地持有稅的調整，將地主可能收取到的租金收益全數反映在應繳稅金上，如此一來即可經由賦稅調整將土地的租金收入移轉為公共所有。如果能設計出一種可以將地主租金利益全部轉歸公有的稅制，即可大大減少收租者坐享高利的現象。另外有一些因城市發展而產生的土地價格增值現象也可以用土地增值稅的方式將增值利益轉移為公有，但是其稅制必須能確實涵蓋到土地所有增值利益，如此才能真正達到漲價歸公目標。除了消除不勞而獲現象外，如果土地持有者要承擔很大土地持有稅時，必然會大為減少人們持有多餘土地的意願，會有大量囤積土地者因為需要負擔高額持有成本而想要儘快轉讓出售，此時土地價格就會回歸它的實用價值，不容易再出現囤積炒作，也可以減少土地投機暴富的不公平現象。

　　利息也是資本所得的一種，不過在 2008 年金融海嘯之後

來到低利率時代，長期低利率使得利息所得對高收入族群的收入組成已無足輕重，現金或債權持有者甚至還經常會因通貨膨脹影響，而產生實質損失。當市場無風險利率約略等於通貨膨脹率時，已可自然消除利息所得對財富集中發展的影響，無需再使用其他政策工具。

　　除地租收入及利息所得外，資本所得的主要來源還包括利潤及股票增值利益兩項。雖然利潤也是造成財富集中、貧富差距擴大的主要原因之一，但卻也是維繫市場機制運作及推動經濟成長所必須，廠商必須要有利潤才能繼續經營，必須要有利潤才會增加投資，利潤是廠商承擔風險並用心經營後應有的報酬，利潤的存在有其正當性及必要性。由於在資本主義體制下，必須要有追求利潤的空間，才能激勵市場發揮最大力量、創造最大價值，但是改善財富集中、縮小貧富差距又是現今亟待解決的課題，想要同時兼顧兩者而不發生衝突，此時遺產贈與稅會是一個理想工具。

　　成功的企業經營通常能有合理利潤，其中大企業因為規模大，相同的利潤率就能產生龐大的利潤金額並能有更多儲蓄用以累積財富，這也必然會造成財富的持續集中，對於這種現象，只要有適當的遺贈稅是足以有效調節的。目前世界各主要國家遺贈稅最高稅率大多 30% 以上，如果能防杜各種逃稅避稅措施，富人的所有財產都能確實課得到遺贈稅，那麼 30% 的遺贈稅率將足以有效阻止財富的進一步集中。舉例來說，假設現階段富豪階級資本所得的財富報酬率平均為 5%（以所有可孳息及不能孳息的財富為母數），若照前一項建議加重土地持有稅，將財富報酬中穩含的土地租金收益轉為公有，則財富報酬率可能會降至 4%，在 4% 利潤中，富豪階級可能會用掉其中

2% 做為消費支出，剩下的 2% 則用來繼續進行投資獲取資本收益，如此名目上每年可以有 2% 財富成長，但是因為通貨膨脹影響，每年可能只會有 1% 實質成長，一個世代大約是三十年，若一個富豪承接家族事業並經過三十年的經營，那麼他將事業交給下一代之時，其資產大約比他接手上一代時的資產成長約 35%。此時如果能確實課徵到其 30% 遺產稅，那麼其留給下一代的資產總值就幾乎等於當初他接手上一代時的資產總值，如此一來，財富集中的現象就不會再惡化了。當然，前述的推論並沒有精確的統計資料依據，只是假設性的概念說明，目的只是在凸顯土地持有稅及遺贈稅的有效性。至於能達到多大效果端看稅率強度而定，如果只稍微調升一些稅率，可能還無法扭轉財富集中的方向，但也必能對財富集中速度產生抑制效果，如果改革強度高一些，那麼財富集中現象必然可以有效改善，貧富差距也可以逐漸縮小。

土地持有稅的合理性與可行性

要將地租公有化的具體做法很簡單，只要參考市場的土地租金水準，設算該土地出租後可能得到的稅後收益，以之做為地價稅率調高的依據即可。其中如果是蓋有建築物的土地，以房地形式出租者，該房地的設算稅後收益必須扣除管理成本以及建築投入所應有的合理報酬得出純由該土地所產生的出租收益後，才做為地價稅調整依據，如此方能不影響正常建築生產活動。除了自用居住型土地及耕作用農地外，其餘土地不論出租或自用營業或空置土地都應該以設算地租為參考調整地價稅，如此則不僅能達到地租公有化效果，還能有效避免土地囤積炒作，實現更多土地正義。土地所有人將土地作為自用營業

者，雖然沒有租金收入，但是其生產商品的價格會比照租用土地營業者的價格，其營業利潤會隱含若將土地出租時所會取得的地租收入以及若是以租用營業場所營業所可獲得的利潤兩部分，因此對其因土地自有所增加的營業收益也理當要採取公有化措施。占有土地而不使用者雖然沒有租金收入，但是也必須比照土地自用或出租者支付相同的持有稅。因為政府仍然要持續保障其所有權，政府耗用龐大經費於國防軍事、警政治安、司法維護、戶地政管理及交通基礎設施等公共服務及公共建設上，土地持有者才能保有隨時自由使用及處份這些資產的權利，土地也才能維持其價值，政府為其財產權的保障付出如此龐大經費，因此占有土地而不使用的人也必須繳納同於將土地用於自用或出租者所需繳納的稅額。

對土地持有課徵較高的土地持有稅還會得到另一項更大的社會效益。如果持有土地須負擔很高的持有成本則養地成本大增，土地投機將受到致命打擊，土地壟斷將不再有利可圖，會大量減少沒有真正使用需求者囤積土地的意願，在這種制度下，沒有真實使用土地需求的人，不會溢價持有土地，從而消除土地投機炒作的不公平現象，土地價格將下降，現有高價土地將以較低的價格售給有需要的人，使真正有使用需求的人可以用更合理價格取得土地，因土地囤積而獲取暴利的不公平現象也會大為減少。當土地價格能免除炒作回歸到它的實用價值，且土地的租金利益也都能順利轉為公共所有時，土地就可以成為大自然所賦予所有人生活的空間與生產的基礎，而不再是富人控制窮人的工具。

任何增稅政策，一定都會出現強大的反對力量，將土地持有稅提高所能產生對整體社會的巨大利益，個人很難直接感

受到，不易引起改革共鳴，但是受增稅政策影響而會增加負擔者則會強力表態反對，因此就會形成輿論一面倒反對的現象，而成為這項政策改革的重大阻力，所以如果有心推動這項改革方案，必須要對社會大眾更多的宣導說服，並需要有各項配套措施才容易成功。土地持有稅的調整主要目的不在增加稅收，而在消除坐享利益的不平等並改善財富集中現象，因此實施的範圍必須要妥善規劃，例如必須寬鬆認定每個人必要的居住空間，在此空間內免稅或維持低稅負，持有高於必要居住空間的土地才加重其地價稅。又如為了要照顧弱勢農民，自有農用耕地應該免稅。供公共使用的公共設施用地當然也應該免稅。同時也要加強對社會大眾宣導土地稅的正當性（落實使用者付費並消除不勞而獲）及必要性（縮小貧富差距及促進居住正義）。有了週詳配套措施及宣導說明，則當能將反對阻力降到最低。

有些人會主張如果提高土地稅，那麼地主出租或出售土地時會將增加的成本轉嫁給承租人或購屋者，反而會增加租屋或購屋者負擔，而無法達到消除不勞而獲或抑制土地炒作的效果。這種說法是無法成立的，價格的決定是在供需而不在成本，供不應求時賣方不會因為成本低而降低價格，同樣的，供過於求時賣方也無法因為成本增加而提高價格，當持有土地需要負擔較大成本時，必然會減少非自用土地需求，地主又如何能再抬高土地價格？對土地課徵高額稅率時只會減少人們持有土地的意願，並無法讓地主可以隨心所欲的將成本轉嫁給購買者。而且如果真有租屋者會因此增加一些租屋負擔，也可以用租屋補貼的方式補救，這並不會構成調高土地持有稅政策的阻礙。

遺贈稅的合理性與可行性

　　個人努力奮鬥及累積的成果都會希望能完整傳承給自己的下一代，這是人之常情。但是現代社會是一個關係緊密又錯綜複雜的分工互助體系，每個人的成功除了自身能力與努力外，還有非常大的機運成份，也需要有完善的政府組織與安定的社會環境，個人才有可能安穩的為自己累積財富，個人奮鬥成功取得巨大財富之後，更需要龐大的國家機器運作才足以維護其財產安全與運用自由。個人擁有的巨大財富，受惠於政府公權力保障，才能安穩使用其財富，才能享有光彩榮耀的身份地位及優渥舒適的生活方式，這些回報不會少於他對社會所付出的貢獻，在終身享用這些財富之後，於其身後將一部分財產再交由國家運用，這是完全合情合理的事情。

　　遺贈稅制度是一項可以大幅降低財富集中、縮小貧富差距的有效工具，但是因為是對個人所有財富一次性課徵較大比例的金額，所以對富人來講其應納稅額會特別龐大，會使人產生很大的剝奪感與不捨感，因此逃避稅情形也就特別嚴重。雖然遺贈稅的稅率普遍不低，但是因為逃避稅的現象嚴重，因此各國政府所能真正課徵到的遺贈稅都很有限。富豪可以透過各種資產配置手法來避開大部分的遺產稅稅額，其避稅的手法諸如成立層層的投資公司使帳面價值與真實價值產生巨大差距，成立基金會可以持續控制這些資產又可免稅等，早期也常見以巨額躉繳保費方式將財產以免遺產稅的保險給付形式轉移給下一代的手法。然而以現代金融管理制度之發達，金融帳戶資訊之清晰完整，這些避稅手法都不難以更完善的法規，更精良的核實技術予以杜絕，政府部門實有必要加強這一方面的努力。除了前述的各種避稅方法外，富豪還經常會將資金移往國外，使稅政單位無從稽查，這種避稅方式更難防杜，所幸近來國際

間金融帳戶資訊交換互享的意願越來越高，已有很多國家加入
「共同申報準則（CRS）」，可經由國際間金融帳戶資訊交換
機制有效掌握本國納稅義務人在全球的金融資產狀況，因此對
透過跨國資金移轉以逃避遺贈稅的手法，也將可以設計更有效
方式來加以防制。

　　遺贈稅的高低雖然也會影響資金的跨國移動，但並不會
影響投資決策，只要企業經營有獲利空間，資本家就會持續增
加投資，雖然常見到以海外控股方式規避遺贈稅的現象，但並
不會因為其經營利潤將來要繳較高遺贈稅而減少現在的投資。
遺贈稅的高低並不會影響到國內的資本投入與產業發展，因此
其稅率也同樣不會受國際租稅競爭因素所牽制，可由一國之內
自主決定。臺灣的遺贈稅在戰後數十年間最高稅率一直高達
50%，但是並沒有影響到那一段時期的高速經濟發展，就是一
個很好例證。近年來因為逃避稅情形嚴重，為了減少逃避稅現
象而將稅率下調到10%，後來又稍微調升到20%，如果將來國
際間「共同申報準則」能有效運作，可確實防杜資金跨國避稅
時，那麼臺灣的遺贈稅應該還有調升空間。不過就算只是現行
的20%，如果都能確實核實課稅，那麼對改善財富集中現象以
及對政府財政的挹注幫忙也一定都會有非常大的助益。

市場機制不會被干擾

　　市場經濟的成功除了私有財產保障外，主要來自於個人賺
錢的動機和市場自由競爭的環境，因此在針對資本主義缺陷尋
求修補措施時也必須盡量不干涉到市場機制的良好運作。有關
改善貧富差距的努力，租稅政策是良好工具，現階段既有的制
度有發揮一些正面影響，如累進式所得稅發揮了所得重分配效

果，移轉支付的社福措施可對制度下的弱勢者予以補償，這些措施雖有緩解市場缺陷所帶來的不公平，只是力道仍然不夠，財富仍然持續集中。但是如果還要加重力道的話有可能影響投資與勞動意願。因此在既有制度之外，必須還要再尋找其他可以加強的措施，要在盡量不影響市場機制原則下，找出可達到重分配效果的租稅工具。而增加地價稅與落實遺贈稅可說是兩項有效又可行的方案，此兩種稅項除了前文所闡述的各種優點，因為都是針對坐享利益的所得課稅，土地不會因為稅負增加而減少，地主不會因為稅負增加而降低將土地出租的意願，企業家不會因為身後的遺產會被課稅而降低擴張企業規模的企圖。因此這兩種稅項不會破壞市場機制，不會影響生產意願，可以讓企業家持續投資經營，可以讓市場經濟持續發揮其正面功能。有了妥善設計的租稅制度即可經由租稅安排來縮小貧富不均所導致的分配不公，又能盡量維持市場經濟的競爭成長與資源效率配置。

新自由主義論者認為政府應該減少干預，將政府的開支、稅賦最小化，才能充分發揮市場效率及創造出最高價值，因此總是反對各種加稅主張。但是從二戰後的社會發展可以清楚看到，政府的政策措施是貧富差距能有效控制的重要關鍵因素，二戰後那幾十年美國的高賦稅政策以及快速成長的政府移轉支出，不但能穩定控制貧富之間的差距，經濟發展也毫不受影響。直到1980年代之後高賦稅政策不再，財富集中的現象才又轉趨嚴重。對於貧富差距又再嚴重惡化的今日，政府實有必要再擴大其角色功能。而本文所提出的土地稅與遺贈稅是對市場機制最沒有影響的稅項，也是最不受到國際租稅競爭影響的稅項，不論從可行性、合理性與有效性等各方面考量，都是值得

全力推動的政策。

食利階級將可逐漸消失

　　凱因斯在《通論》中曾有一些推論，認為資本的擴張將可以達到消除食利階級的效果：

> 把資本數量增加到使他的邊際效率下降到很低的數值是不難做到的事情。這並不意味著使用資本設備幾乎不用支付代價，而僅僅是說，資本設備的收益在補償它的折舊和老化費用以後，再減去償付風險以及技能和決策運用的費用，剩下來的屬於資本所有者的數量不會有多少。簡言之，耐用品在它們生命期間的總收益會和非耐用品的情況一樣，包含它們生產的勞動成本再加上對風險以及對技能和監督代價的補償。.
>
> 雖然這種狀況相當符合某種程度的個人主義，但它意味著食利階級的消亡，從而也意味著資本家利用資本的稀缺性來擴大其壓迫力量的消亡。
>
> ……
>
> 因此，在政策實踐上，我們可以豎立兩個目標：一方面，增加資本數量，一直到它不再稀缺時為止，從而，已經沒有社會職能的投資者不能再坐享利益。另一方面，建立一個直接稅制度，使得理財家、企業家和類似的人物的智慧、決心和經營的才能可以透過合理的報酬被引導到為社會服務的渠道。（《通論》第二十四章第二節）

　　這個目標迄今還沒有實現，因為資本家不可能自己把資本增加到無利可圖的地步，在競爭均衡機制下，一定會保有適度的利潤，這些利潤可以讓投資者雖然要承擔資金風險，但平均而言總能獲取不錯的收益，並使得擁有較大資本者得以持續擴

大累積財富，只要資本可以不斷的再生資本，資本報酬就會持續供養很多擁有大量財富能不斷以錢滾錢的食利階級。食利階級的存在看似資本主義無法避免的一部分，然而如果能採取有效的租稅重分配措施，成功改善財富集中現象時，那麼食利現象將可同時獲得改善，消除食利階級的目標也將可逐步獲得實現。

當把地租以地價稅的形式收歸國有後，可以減少地主的坐享利益，或許富人還是會把土地當作資產配置的一部分，拿來做保值工具，但是就像黃金、古董一樣無法再獲得額外收益，如此富人無法因地租收益而持續擴增其財富。當遺贈稅可以核實課稅後，可以緩解一代一代加深的不平等。資本家將資金投入生產活動長期而言會有比通膨高很多的利潤，或許是 5%，也或許是 7%，每個時期不太一樣，這是他應得的，因為他必須承擔投資失敗的風險，市場必須要有稍高的利潤空間，資本家才會持續將資金投入生產，市場的產銷循環活動也才能穩定運轉，雖然資本家還是會逐漸累積擴張其財富，但是如前所述，當他把遺產移交給下一代時，因為遺產稅的課徵，其財富會縮減回到他繼承上一代財富時的數量水準。如此一來，企業家必須持續將資金投入生產並承擔經營風險，才能維持其世代的資產規模，如果不再繼續投入產業經營，那麼他的財富將會因個人消費、通貨膨脹、及遺產稅的徵納等而逐漸耗用完畢，將使財富只具有原本的使用功能而不再有多餘的繁殖功能，個人貢獻心力所賺取的財富就只限財富本身的價值，他可以現在用也可以儲存起來日後使用，但不會因為財富遞延使用而添加更多價值。只要不再有人可以坐享利益，每個人都應對社會有所服務貢獻，才能取得相對應的報酬，擁有較多財富者也必須用心

於經營企業才能維持規模，坐吃終究會山空，沒有人可以因擁有巨大財富而得到永世供俸，如此則依賴以錢滾錢的食利階級自然就會逐漸消除。

當財富集中現象可以被控制後，可能還是有資本家財富累積快於其他資本家，可能還是會有人可以賺取遠高於一般人的財富，但少數個案不會破壞整體穩定的結構。資本家將資金投入生產活動平均而言會有競爭下的均衡利潤，但每個個別企業其獲利能力會有很大個別差異，有些人能力好、機運佳、經營出色，獲利可以遠高於平均水準；有些人有良好的創新發明，而取得巨大商機；也有些人可憑藉優越專業技能賺取高額的專業報酬，如演藝明星、頂尖球員等。這些因為對社會付出重大貢獻而獲得的重大回報，是體制所鼓勵的，但是其報酬就是以其所賺取的財富價值為限，不會因為一時的貢獻，就可享有永世的供俸。如果他想運用所取得的財富賺取更多財富，就必須將資金再投入生產活動，並要有本事能獲得高於平均水準的利潤，可是這並不容易。當財富集中現象可以被控制後，可能也還是會有一些沒有大貢獻就獲得高額財富的現象，例如有人好運氣中了大額彩金，或如有些人眼光精準，藉由金融操作而賺得巨大財富等，這些機會所得或貢獻與報酬不成比例的現象只要不違法也都為體制所包容，但同樣都只能是一時的幸運，其可獲益的也是以其所取得的財富價值本身為限，並無法令其就此高枕無憂的以錢滾錢繼續創造無限財富。

建構更公平理想的社會

理想的社會分工型態應該是要讓每個人的地位待遇與他的付出貢獻成正比，富人所擁有的財產及所得，如果是來自於

天份能力、辛苦付出並對社會有良好貢獻所換取的，不僅合理
而且還能得到普遍的讚賞與尊崇，但是如果財富不均是來自於
世代間移轉，是來自於起跑點的不公平，個人無論如何努力都
無法超越結構性的不公平，那麼必然就會產生對立與不滿。現
今社會是一個既不平等又不公平的社會，財富直接代表地位、
階級與權勢，富者役人而窮者役於人，財富水準決定勞務分工
的位置與資源分配的數量。不僅如此，在資本主義以錢滾錢的
機制下，靠勞力賺錢者所得微薄，擁有巨大財富者以其財富為
工具持續分享大量的社會生產成果，並且世代傳承不斷擴大其
控制權，這種一代一代加深的不平等，無可避免就會不斷加深
剝削感、加深憤怒不滿、加深對立不信任，並經常導致社會的
動盪不安。資本主義已經把我們的世界形塑成今天的樣子，雖
然存在諸多不平等，但是在可預見的未來，我們仍然還是需要
市場經濟，因為我們需要市場經濟的順暢自然、需要市場經濟
的競爭效率、需要市場經濟的激勵創新，因此對資本主義所存
在的不平等也只得接受某種程度妥協。但是如果不平等是與個
人的努力或貢獻無關，例如遺產繼承或地租收入所造成的不公
平，那麼政府就有義務設法找出更有效方法來縮小不公平的程
度。

　　新自由主義所主張的小政府理論是不符合現實的說法，從
美國 1980 年代的經驗可以看到，削減稅收的結果就是政府要
擴大舉債，政府總支出並不會減少，實質上就是以副作用較大
的通膨稅取代其他稅種，還有可能因為債務的累積引發金融危
機。賦稅變革往富人的方向傾斜，並不是一個可以永續的做法。
資本主義的發展必須建立在保障私有產權的基礎上，並須提供
穩定可靠的市場交易環境，為了做到這些，政府花費龐大經費

於國防軍事、警政治安、司法維護、戶地政管理、金融監管、消防救災、基礎教育、公共建設………等等，這些支出占去了政府經費的一大部分，而用在調節經濟、社會福利方面的支出只佔政府經費的一小部分，就算把調節經濟、社會福利方面的預算全數刪除，政府仍然是一個龐大機構，無論如何無法成為小政府。富人不能只在要保護其財產安全以及建立可供其穩定賺錢的環境時要求政府必須發揮政府的功能，而在政府要修補制度缺陷、改善貧富差距照顧窮人時，又要求政府減少干涉。

　　土地稅與遺贈稅的調升對改善財富集中、縮小貧富差距的功能無庸置疑，但是調升的幅度過大必然會引起極大阻力而難以實現，調升的幅度過小則效果有限，應該調升到何種程度才能達到有效縮小貧富差距的目標，而又能化解阻力順利推行，這難以精確計算，不過這是一個明確的方向，只要願意朝這個方向努力一定就會有一些效果，更多的努力就可以達到更理想的目標。當食利階層漸漸減少時，就會有更多的勞動力分攤大家的勞務負擔，也會降低更多的相對剝奪感，減少對立增進更多和諧；當食利者無法再有源源不絕的資本所得時，就會節制一些無必要的奢侈消費，減少一些對環境的傷害；當財富可以更充分流動時，就可以降低經濟波動，減少景氣衰退的衝擊，當土地減少炒作時，就可以實現更多的居住正義；當政府有更多的賦稅收入時，就可以降低公共債務膨脹的速度，降低惡性通膨的隱憂，也可以有更多的經費用於社福支出，以彌補更多起始點的不公平。如果可以取得一般大眾更多的共識與支持，那麼藉由土地稅與遺贈稅的調整，建構一個公平合理可以永續運作的資本主義和諧社會，將不會只是烏托邦的夢想。

7-3 消除貧窮需要多方面作為

失業問題的改善方案

　　有些貧窮可能與個人因素有關，可能是因為投資或創業失敗而負債累累、可能是遭遇意外或生病必須花費龐大醫療費用又無法工作賺錢、可能是揮霍浪費嗜賭成性而敗光家產，也有可能是不願意勞動而無法有正常收入等。雖然有些貧窮可能與這些個人做為或特質有關係，但還有更多的貧窮是來自於世襲的貧窮，是在一無所有的起始點上，面對低薪與高房價的雙重擠壓而勉強度日，這種貧窮是因為起始點不公並在制度壓迫下所造成的貧窮，可說是人為制度的受害者。工作貧窮者生活拮据難有儲蓄，如果再碰上失業問題，還有可能陷入生活無以為繼的極端貧窮處境，因此失業問題對貧窮者的衝擊尤其嚴重，要彌補人為制度所造成的貧窮問題，首要之務就是要改善失業，解決了失業問題，貧窮問題可說就解決了大半。

　　一直以來，政府部門在對抗失業這個問題上，都是著重於從擴張經濟規模的方向著手，藉由更多投資，更高產能，以創造更多的人力需求，從而增加勞工工作機會，降低失業率。在

貧窮國家或發展中國家，因為人力成本低廉、環保要求也不嚴格，企業經營可以具有很高的國際競爭力，因此前述模式在貧窮國家或發展中國家運用得當可以發揮很大功能，以出口產業的競爭優勢發展國家經濟，從而增加人民就業、提高人民所得，改善國家貧窮處境，促進整體社會向上發展。但是當國家社會發展到一定程度以後，這種模式就會遇上瓶頸，因為人民所得提高後，各項用人成本、環保成本、稅負成本也都會跟著大幅增加，而不再具有國際競爭力，也不容易再藉由外貿順差的利益來支撐國內經濟的持續發展。

發展中國家在經濟發展到一定程度以後都會面臨轉型的難題，此時一方面要設法發展領先的技術，以盡量維持國際競爭能力，一方面要擴大發展國內內需產業，以彌補外貿出口的滑落。因為高新技術產業用人需求通常較少，因此出口產業就算能順利轉型升級繼續維持貿易順差，對國內就業率的提升助益也很有限；而在擴大內需方面，也會因為財富集中、貧富差距擴大，一般民眾消費能力有限，使得政府對擴大內需的努力很難達到預期效果，因此失業問題也就很難獲得長期有效的改善

從歷史事件中尋找可資借鑑的經驗，可以發現要有效解決失業問題也並沒有那麼困難。美國在第二次世界大戰前夕，失業率長期攀高在 15% 以上，隨時有近千萬人處於失業狀態中，一直陷在大蕭條的糾纏中難以擺脫，而在二戰爆發後，基於戰爭需要，政府必須不惜代價的無限制雇用戰鬥人員，必須不惜代價的無限制購買軍需物資，在大量人力物力需求下，失業問題很快就獲得了徹底解決。從這樣的事件發展，可以給我們一個啟示，在生產力過剩、人員大量賦閒的年代，只要政府願意全力介入，是可以有效解決失業問題的，只要仿效戰爭時期的

措施，由政府無限制僱用失業人員，那麼失業問題就可迎刃而解。此種推論當然會受到很多質疑和挑戰：戰爭時期有確實的人力需求，才必須大量徵用軍事人員，但和平時期並沒有那麼多工作空缺可供政府安置失業人員；戰爭是被迫的，政府雇用大量軍人是必須的，可以獲得全民共識，而和平時期政府無端膨脹人力規模則很難獲得支持；戰爭時期必須極盡一切能力籌湊軍費，舉債或加稅都可順利進行，和平時期則很難取得足夠財源，以支應安置失業人員所需經費。然而這些質疑都不難獲得化解。

　　戰爭是因為面臨敵人威脅，必須全力以赴爭取勝利，否則就有可能招致毀滅性災難，在此種同仇敵愾氛圍下，政府可以不惜一切代價投入所有可以投入的人力。而我們今天的人類也正面對一個共同敵人的威脅，那就是地球環境的破壞，其威脅程度同樣可能招致毀滅性災難。而既然社會存在如此多失業人口，正好可以經由政府的雇用來投入有利環境保護的行動，譬如水庫清淤、河川疏濬、山地造林、海邊淨灘等。水庫清淤等這些工作雖然經濟效益不大，但如果著眼於創造就業機會、延長水庫壽命、減少開發新水庫對山林生態的破壞等多方面的效益，仍然是值得全力進行的工作。此外，目前資源回收再利用的環保產業並不興盛，有很多可回收資源因為很難達到回收利用的經濟價值，都進到焚化爐或掩埋場，如吸管、薄片塑膠、紙容器等，對此政府除了設計更多的補助措施，以輔導獎勵此類廠商更積極發展並多雇用員工外，也可以考慮直接成立不以營利為目的的環保回收企業，多雇用員工進行環保回收工作，如此同樣可以達到既創造就業機會，又能減少環境破壞的雙重效益。

　　除了環保相關工作，社會福利措施的加強也是政府可以創造更多工作機會的方式。目前很多民間慈善團體所義務從事的一些社會服務工作都是政府可以參考辦理的事項，如長照服務、老人陪伴、送餐服務等，當社會存在一批失業人口需要工作養活自己，而又存在另外一些人需要照顧時，由政府出面雇用需要工作的人去照顧那些需要照顧的人，可說是一舉兩得的事情。只要政府有心，必然可以找到更多既可創造就業機會，又有助環境保護或社福照顧等可增加社會福利的工作。當然，做這些事情需要有額外經費，在前一章所提增加地價稅以及落實遺產稅的建議，如果能獲得實現的話，那麼這些經費的來源就不會成為問題，不需要再額外加稅或舉債，就能讓政策可以順利推行。

　　在很多時候，政府都會以撒錢的方式刺激經濟以改善失業，諸如擴大公共建設、減稅、購物補貼等措施，這是市場經濟運行經常會出現的現象，在財富總是向少數人集中的情勢下，必然會有週期性發生的景氣衰退，也必須要靠政府資金補充，經濟才有辦法回復穩定運行，因此政府花錢刺激經濟改善失業就會是必要的措施。而政府既然要花錢，何不就花在環境保護或對弱勢的照顧上，或許把錢花在為了增加工作機會而勉強進行的環保工作上，可能會有效益不彰的問題，把錢花在較不急迫的社福工作上，可能會有必要性受質疑的問題，但與二次大戰相比，總比把錢花在戰爭上會對人類福祉更有幫助。戰爭的支出不但不能帶來任何經濟效益，還會帶來嚴重破壞，把錢花在環保工作或照顧弱勢上雖然效益有限，但至少是正面的效益，美國二戰期間的戰爭支出可以產生挽救經濟的重大效果，那麼把錢花在環保工作或照顧弱勢當然也可以達到同樣效

果，這些政策的目的是在改善失業，順便充分運用人力資源，至於其所能達到的效益程度可以從寬評估，只要能達到充分就業的目標，這些政策應該就能算是成功。在生產力過剩的情形下，勞動力用於保護環境或照護需要被照護者，有利人類長期生存發展及增進弱勢者福利，雖沒有立即報酬回收或效益稍低也都是合理的。

文明進步的政府，有義務為所有能夠工作、願意工作並且正在尋找工作的人提供可能的就業機會，有義務盡一切確實可行的方法來促進最大程度的就業。農業社會人們常因為生產力不足而生活匱乏，到了工業社會生產力雖已豐沛充足，卻又不時因為需求不足出現生產力過剩的失業現象。既然有過剩生產力，將這些生產力用於環保社福工作不是很好嗎？在失業的原因主要來自生產力過剩而非生產力不足的社會，政府提供的就業機會可以不必計較其可產生的經濟效益，因為使用中的生產力就足夠供應全社會所需，多出來的生產力將之用於為後代子孫或為弱勢造福，又何樂而不為。並不用去刺激增加那些原本不想要的消費，因為如此作法雖可達到促進經濟成長改善失業目的，但是鼓勵民眾為消費而消費，不但無法增加多少幸福感，還會進一步加重環境的負擔。

對工作貧窮現象的改善建議

不論科技如何進步、文明如何發展或經濟如何成長，基層勞工的薪資總是固定在僅能維持其基礎生活水準的最低水平，這是自由市場競爭機制下所必然會產生的規律。國民生產成果並不是依付出程度來分配、也不是依貢獻程度來分配，而是依議價能力來做分配，在現行機制下，資本家、地主、企業經營

高層具有很高的選擇彈性，擁有優勢的價格決定權，他們極少數人可以取走大量生產成果，除了供應其豪華生活外，還可以不斷累積財富，持續鞏固加深其優勢地位，而基層勞工辛勤工作所掙得的薪資，能購買的商品遠低於他們所生產的數量，僅能有基本溫飽。在先進富裕的國家裡，勞工境遇會好一些，其工資供自己的日常生活開銷基本無虞，養兒育女也可勉強支應，但如果沒有自用住宅而須負擔房租費用或背負高額房貸，就會大幅壓縮他們剩餘的可支配所得，對薪資水平較少的非技術性勞工而言，要應付這種種的生活開銷，就會顯得左支右絀，只能省吃儉用拮据度日，成為富裕社會下的貧窮人口，更難以有儲蓄以備日後不時之需。如果又遇上失業、意外等不幸事件，就可能陷入極端貧窮困境。

　　改善工作貧窮的首要關鍵措施就是要保障勞工的合理收入，因此最低基本工資的規範以及適時調整是必須的。在勞動市場裡，供需均衡決定勞動價格的理論並不成立，並不會如某些主張所說的，較低的薪資水平能增加勞動需求提高就業率。雖然有些說法認為較低的薪資會增加廠商勞動需求，但是薪資降低也會減少商品市場的消費需求，廠商並無法因為人力成本降低而增加產量，反而有可能因為商品需求降低而減少產量，如此一來勞動需求也會跟著減少，從而抵銷了因為勞動價格降低所可能增加的勞動需求，使得最終就業人數沒有受到太大影響，這是一個複雜交互影響的關係，薪資水平對勞動需求的確切影響很難精確評估，但可以肯定的是勞工的薪資水準絕對不只是單純的由市場供需所決定，政府放任低薪並不會因此而提高就業率。決定薪資水平的最主要力量還是取決於各方議價能力高低，而基層勞工總是議價能力最低的一群，因此政府的干

預以保障勞工可以得到更合理對待是必要的。除了最低基本工資的規範,如果能創造一個充分就業的環境,對基層勞工薪資的提升也會有很大助益,如果想找工作就可以找到工作,不會有失業風險,那麼就可以有更多籌碼來爭取合理待遇,而不用委屈於不合理低薪的工作,因此政府為了改善失業所做的所有努力,除了能直接幫助到失業者外,對於所有基層勞工薪資水準的改善也都能有所幫助。

勞工薪資應該要達到什麼樣水準才算合理,這是一個最困難認定的問題。在先進富裕的國家中,勞工薪資要支應家庭的衣食基本生理需求並不成問題,會出現貧窮的困境在於負擔不起現代尋常的生活方式、沒有足夠金錢參與一般社會活動、無力支應符合社會禮儀標準的費用、無法給子女足夠的教育資源等。基本工資至少應該可以支持雙薪家庭四口之家免於匱乏窘境,除了衣服、食物、房租、水電外,基本生活用品、基本社交需求、以及基本子女教育資源都是必須的,如電視、冰箱、冷氣、手機都是現代人的必需品,紅白帖、招待或拜訪朋友、偶而餐聚等都是必要的社交支出,子女的學雜費、電腦、書本更不可省,以諸如此類的必要支出估算出來的生活費用或許可作為議定基本工資的參考標準。在這種標準下,只領基本工資的人可能很難有多餘儲蓄,因此還必須有完善社福系統做後盾,當有不時之需時,都能得到妥適幫忙,如此一來可以讓每個人都可免於匱乏恐懼,而能更安心的生活。

改變高房價的不公平現象

在先進富裕的國家中,基層勞工的薪資水準夠個人一般使用,養兒育女也可勉強支應,但如果沒有自用住宅而須負擔房

租費用或背負高額房貸的話，其他生活費用就會受到很大的擠壓而陷入更拮据狀態，房租的沉重負擔可說是造成工作貧窮的重要原因之一。一個在貧民窟呱呱落地的嬰孩，長大自立謀生時發現，大自然供給全人類生存的土地，已全部被標示為「佔有中」，他沒有一塊可供建立遮風避雨處所的基地，狹小簡陋的居住空間就必須付出高昂代價，他很可能必須加倍的辛勞，做著城市中非常必要卻又沒人想做的苦差事，才能勉強有容身居所，因此而深陷在貧窮泥淖中。這可以說是體制所強加的不公平對待，理應由體制加以補償。

　　高房價是今日世界各國社會都普遍出現的不公平問題，因為土地的必要性、稀少性、保值性、收益性，讓土地持有者可以有很大囤積炒作哄抬空間，土地上漲的原因來自於社會集體的發展以及人為的炒作，而不是來自於土地持有者對社會發展的貢獻。高昂的房價讓窮人對擁有自己居所的意念完全絕望。沒有房子，即使是薪資不錯的中產階級，都會覺得生活不夠安定踏實，勉強買房又必須背負沉重房貸而節衣縮食生活品質大幅下降。高房價極大束縛很多年輕人的夢想與未來，然而政府部門對這一方面的問題普遍並沒有太多作為，總是令年輕人持續失望。為了建構更公平合理社會，讓所有人都能更積極為自己及社會的未來奮鬥打拼，在抑制高房價的方向上，政府實需有更多作為，而前一章所提到土地持有稅的調整就是一個很好的政策工具，只有讓囤積者付出較高的代價，才能減少囤積行為，囤積減少、供給增加，房價自然能回到合理範圍。

　　除了抑制不合理炒作的高昂房價外，在修補土地制度的不公平上，給租屋者更多保障照顧也是必需的。當土地不被炒作回歸合理價格之後，政府可以興建更多住宅廉價出租，因為政

府的出租住宅不以營利為目的，可以用更便宜的價格照顧租屋者，同時也可以有拉低民間租金的作用，是可以採行的方式之一。對於無自用住宅且收入不高的租屋者也可以給予適當租屋補貼，以拉近與其他人的生活差距，這或許會有一些公平性的問題，但無自用住宅者大部分都是世襲貧窮所造成，本就應予補償，少部分是意外、疾病或機運不佳所造成的，這也應該給予協助，只有極少部分是個人不當做為所造成，但是其數量極少並不用特別排除。

社福措施彌補先天性的不公平以及後天性的意外不幸事件

世襲貧窮也會對兒童的身心從小就造成一些傷害，貧窮家庭小孩可能會有營養不足致發育不良或體能較差的問題，貧窮家庭小孩可能會因缺少社交資源而影響同儕間人際關係，貧窮家庭小孩可能會因缺少教育資源而影響學習成就以及日後的競爭力。在這一方面，學校體系應該有更多的輔助幫忙，例如所有學用品一律免費，所有午餐一律免費，如此學童不會因為無法繳交費用而感到羞恥或遭不公平對待，也不必因為申請特殊救濟措施而遭側目，可以減少兒童的煩憂，更用心於學習，對大人來講少了一些經濟負擔也不無小補。但是這種政策的經費來源不能佔用原有教育預算，必須另外籌湊來源才不會排擠原來教育的該辦事項。

在先進富裕國家中，如果能解決失業問題，勞工有合理薪資保障，並且貧窮者的住房問題也可以獲得協助，那麼人為制度所造成的貧窮就可以獲得基本消除。不過貧窮仍然會存在這個社會中，因為還是會有一些因時運或個人因素所造成的貧窮。如遭逢意外或疾病、無依孤兒老人、單親家庭、子女眾多、

失去工作能力等，這些問題則有賴進一步的社會救助體系予以協助幫忙，雖然也有一些可能是因為個人品行所造成，如奢侈揮霍、嗜賭成性、不願勞動等，但對於已經處於悲慘狀況者給予一些救濟也不為過。

適宜的稅制可減少相對剝奪感

　　資本家與勞工對生產成果的分配競爭中，並沒有絕對公平的衡量標準，當然無法達到絕對公平，甚至連相對公平也很難達到，資本家因為議價能力高總是可以有較好的分配。不公平確實存在，歸咎於人性的貪婪並不公允也無濟於事，很多資本家慈善捐款無以數計，但是在經營企業時，企業家面對競爭必然盡力控制成本壓低薪資，任何人在相同位置都會做相同決策，這是市場本質與品性無關。如果有壓榨的話應該要算是制度的壓榨，資本家只是運用制度優勢，盡力創造企業的最大利益。對於替代性高缺乏議價籌碼的基層勞工，國家應保障其可以有基本生活水準，對於企業也應該留給他可以持續經營的空間，為了鼓勵企業家充分發揮其經營才能，除了他本身獲得優渥的物質回報外，也要給其持續投資、擴張規模、累積財富的空間，如此才能發揮市場效率，推動社會進步，然而資本家奮鬥一生的成就多已得到榮耀尊貴的回報，在其身後理當將其所聚積財富的相當比例交回到公眾手中，如此更能彰顯資本家的偉大。如果富豪家族的財富在世代傳承之際能以遺贈稅的方式節制其無止境擴張，再輔以其他措施消除食利族群，那麼財富集中所導致的社會不公平感受將可得到平衡修補，當社會中不再充斥食利族群，人人都對社會有所貢獻，財富也難以世代累積，那麼所得較不充裕的一般民眾就會大幅降低相對剝奪感，

並可增進社會的祥和安定。

改變社會風氣以消除社會性貧窮

　　貧窮現象除了實質匱乏外，還有些是心理因素的貧窮。很多媒體對成功商業人士的報導大量著重於其財富數量及消費行為，豪宅、名車、精品成為生活完美化的表象，這不僅深化大眾對物質的渴望和對金錢的崇拜，更容易加重社會不公平感與相對剝奪感。標榜奢侈享受的商業廣告以及大眾媒體的追逐渲染，使消費成為人生的目的，也成為人際間相互評價的重要標準之一，很多人基本生活不虞匱乏，但是無法達到比較體面的生活方式，因為社會風氣的壓力而產生很深的貧窮感，這是一種對比之下的貧窮。對於這種貧窮的改善方式，除了力求分配公平外，社會風氣人心觀念的改變更為關鍵，要減少貧窮感受，除了更寬裕的收入來源外，更需要消除對消費的崇拜。比較之下，必有高低，無法達到每個人都能有最好，要消除對比式貧窮，除了致力於更公平分配外，還須更致力於節儉美德的提倡，不但不以奢華為榮耀，還視之為環境的殺手，如此就會降低很多消費慾望，使人們只要衣食無缺就能生活自在，不因消費數量比不上他人而失落沮喪，人們不因寒酸簡樸感到羞恥，而是以愛物惜物為傲，如此就能減少收入相對較不豐厚者心理層面的苦悶。媒體輿論對社會風氣的改變負有很大的責任，改變媒體除了靠自省外，政府也必須盡到監督引導的責任，政府應建構優良競爭環境，讓媒體可以遵循職業道德，引導樸實健康的價值觀，減少虛華風氣對社會的負面影響。

7-4 從富裕到悠閒

成長的效益已日趨薄弱，而傷害卻日漸加深

　　數百年來，科技進步與經濟成長不斷改善人們的物質條件，提升人們生活水準，為現代社會帶來豐富物質生活。然而時至今日，物質的供應仍在不斷增長，但是對人們物質條件的改善以及生活水準的提升，已然有限。物質的增長並沒有進一步改善窮人生活，美國貧窮線以下的人口比率，從 1970 年代到現在一直處於 11% 到 15% 之間，四十多年的經濟成長，帶給窮人的助益有限。物質增長並沒有為一般民眾帶來更多幸福，幸福經濟學的研究告訴我們，在收入達到某一水準以前，幸福感是會隨收入增長而增長，但超過那一水準後，更多的消費已不會再帶來更多快樂。我們現代人的物質生活已經太充沛，早已超過還能繼續增加快樂的那一個水準點了。經濟成長確實持續增加我們消費的數量，但是在民生用品的發展已漸趨完善，難再有突破性創新之後，現在我們所增加的消費量除了少部分新奇娛樂商品外，大部分都是來自於汰換率或使用率的提高，如增加 3C 用品、時尚衣飾等商品的消費量，或如增加

出國旅遊頻率等，而這些消費能增加我們多少生活滿意度，完全是主觀的心理感受而已，對實質生活品質的改善助益實在有限。

　　經濟成長既無助於減少貧窮，又不能增加一般民眾幸福，但是今日的經濟發展卻又非成長不可，現行經濟體系需要成長，只有不斷成長才能維持就業，減少消費就意味著衰退，就意味著會有更多人將陷入失業困境。因為對成長的依賴我們必須消費更多商品，也必須生產更多商品，在環境危機嚴重惡化極需全力挽救的今日，這種對成長依賴的現象，就成為環境保護工作的關鍵性障礙。為了成長必須鼓勵消費，很多商品都是為了成長而製造，為了消費而消費，因此而令環保工作的成效遠遠來不及修補過度消費對環境所造成的傷害。因為對成長的依賴，科技不斷發展的結果，不但沒有為我們減輕任何的工作負擔，還不斷逼迫我們製造更多商品傷害地球。

消費者自覺以及社會風氣的改變

　　髒臭的河川、污濁的空氣就在我們身邊隨處可見；肚內塞滿塑膠垃圾的鯨魚、海鳥屍體不時出現在媒體版面；衛星照下的兩極冰原大幅退縮；極端氣候的強度與頻率不斷加劇，這些都是環境持續惡化的實實在在科學證據，修補進度遠遠趕不上惡化速度。減少消費是現階段的必要措施，要改變消費行為可以先從觀念的改變做起。改變消費行為並不意味著要降低生活品質，有助家居生活的家電用品該用則用，喜好的衣服飾品有用就買，有助歡樂的旅遊行程也可以定期安排。但不要喜新厭舊，也不要一窩蜂，政府也不要特意鼓勵大眾消費。讓商品盡量發揮到他的最大價值，減少汰換率。旅遊目的是為了自己的

快樂喜好，而不是為了向他人炫耀說嘴。只要少受廣告傳媒的影響，以自己真正需要做決定，那麼就既可維持生活品質，又可以為保護地球盡一份心力，又何樂而不為呢？除此之外有些舉手之勞也是必要的，很多時候會覺得所消費的商品用過即丟很可惜，只要順從這種感覺就會有更多動力為保護環境多盡一些心力，出遊帶著水壺就能減少很多寶特瓶、鋁罐的浪費；購物自備環保袋就能減少塑膠垃圾的堆積；多購買本地產品，就能多節省一些運輸往來；少穿一件外套調高一度冷氣，就能少消耗一些電力，雖然要多費一些心力，但都不過是舉手之勞而已，習慣之後就會成為生活自然的一部分，如果想到這些舉動還能有拯救地球的效果，或許還會有更大成就感。

　　消費主義文化的形成，有多元複雜的社會影響因素，炫耀攀比的天性以及群體的壓力，使人們極易受到他人影響而消費；對豪門巨賈的羨慕、明星偶像的崇拜，而產生眾多追逐模仿效應；大量充斥的廣告和標榜著侈享受的置入性行銷不斷誘導和刺激人們消費欲望；認知上的過時使無數完好商品遭到汰換成為垃圾；媒體對感官刺激的迎合和對奢華消費的美化，瓦解了傳統節儉美德意識，弱化了人們對奢侈浪費的罪惡感；企業透過媒體的各種炒作與渲染手法，鼓勵民眾用商品來展現自我、用商品來尋求認同，長期形塑已成為大多數人的基本價值觀。媒體輿論對社會風氣的改變負有很大責任，如果輿論不把消費當作榮耀，甚至於把不必要的消費、炫耀式的消費當作是在加重危害環境的不光彩行為，那麼必然會減少很多以消費為榮的心理，也會減少很多不必要的消費。改變媒體除了靠自省外，政府也必須盡到監督引導責任，政府應建構優良的競爭環境，並適當規範廣告的時間、地點、對象，讓媒體可以遵循職業道

德與法令規範，以改變消費主義文化，引導社會健康消費行為。除了政府、媒體，更需要社會所有成員的自省自覺，當大眾都能以永續為念，不但不以奢華為傲反而對奢侈感到內疚時，就能合力打造出一個有利文明永續的社會風氣。

辛苦賺錢的人，會審慎的使用自己辛苦賺來的錢，每一分錢都要花在刀口上，比較不會過度消費。不用勞動就有固定收入的人，自然就會比較大膽消費，有源源不絕大量不勞而獲收入的人，就能無所顧忌的消費，以消費為樂，以奢華為傲，並且還會帶動比較與模仿的效應。倘若政府為改善財富集中現象採取相關的賦稅措施，以課稅手段消除了財富以錢滾錢的功能後，富人的財富用完就沒，無法倚靠財富再生財富，那麼他就比較不會肆無忌憚的消費了，因此政府為改善財富集中所做的各種措施，連帶地也會對改變社會奢華風氣具有很大的作用。

改變觀念，是改變消費主義文化的第一步，但由儉入奢易，由奢入儉難，已經形成的消費主義文化，想要有效改變，只靠自律必然難以成事，還必須要有強力的外力引導。政府的角色很重要，最重要的就是要設法擺脫對成長的依賴，必須先建構一個不必依賴成長就能維持經濟穩定運行的社會環境，如此才能有效引導消費行為往友善地球環境的方向改變。

經濟成長的迷思

資本主義需要成長，追逐財富的驅力推動社會經濟不斷向上成長，經濟活動運行的過程中，資本家為了壯大企業版圖累積財富，持續精進生產能力，並持續擴張資本，從而造就不斷增長的商品產量，供應社會更充沛的消費活動。廠商為追求利潤想盡辦法增加產量，再想盡辦法把商品塞到消費者手裡，就

這樣實現經濟的成長。雖然有時候一般民眾消費能力無法跟上廠商的產能產量而引發經濟衰退失業率上升的問題，但必然也會促使政府介入協助解決，在政府擴張政策支援下，也都能很快地重新回到成長軌道。這看似一個良性的發展結構，但值得深思的是經濟的不斷成長真是必要的嗎？不論經濟如何成長，過勞的依舊過勞，並沒有為我們減輕工作的負擔。不論經濟如何成長，貧窮的依舊貧窮，並沒有改善窮人困境。時至今日，經濟成長也很難再增加一般人民的幸福，因為該有的都有了，再增加的只是為消費所進行的消費而已。不僅如此，這些為消費而消費的成長還徒然為地球環境製造更多負擔，為自己的未來帶來更多的威脅。既然如此，那又為何一定非成長不可呢？

擺脫對成長的依賴

對經濟成長的依賴，最主要是來自必須維持穩定的就業環境，每當經濟情勢出現衰退現象時，惡化的失業率就會逼使政府祭出各種景氣振興方案，引導經濟盡速回復成長，以改善失業問題。然而既然刺激經濟成長的主要目的是改善失業，那麼如果有其他方式也可以改善失業，刺激經濟成長就不應該成為唯一選項，因為經濟成長既無助於減少貧窮，又對一般大眾的助益也不大，如果有其他方式也可以改善失業那經濟就沒有非成長不可的理由。在景氣振興方案中有很多措施是從鼓勵消費的方向著手，刺激人們進行原本並不是很需要的消費，這些措施固然能提振經濟活動於一時，但這些為了成長所進行的消費，卻也徒然為地球環境增添更多負擔，因此政府既然要花錢，何不就把錢花在對環境友善又對未來有益的項目上，如果政府如前一章所建議把錢花在環境保護或對弱勢的照顧上，就不需

刻意去刺激消費者進行原本不是很需要的消費，就不會為了消費而消費，就不會增加地球環境不必要的負擔。這種形式的擴張政策可能短期效益不大，對經濟成長的作用不明顯，但同樣可以達到改善失業效果。除了政府直接雇用以外，也可以進行一些擴大公共建設方案以及採取一些補貼措施，但是擴大公共建設或補貼要以綠色經濟為主，如節能建築、大眾運輸、生態系保護、循環回收利用、再生能源，潔淨科技等，這些投資與補助除了可以創造就業機會外還同時能扶持綠色產業。

　　要改善失業，除了創造更多勞動需求以外，從降低工時著手，將相同工作量分配給更多人也是一種方式，雖然這種方式的推動難度會比較高，不如撒錢那麼直接有效，但卻是更值得我們努力改變的方向。我們可以看到，就算是在景氣低迷失業率居高不下的年代，仍然會有很多受雇勞工必須過勞工作，一方面有很多人失業無工作可做，另一方面又有很多人超時過勞的工作，這種矛盾共存現象也亟需政府的政策加以引導改善，當失業率居高不下無數人承受失業之苦時，政府應當可以藉由執行更嚴格的勞動法規，限縮工時或禁止加班，以促使雇主可以增加雇用工人。這種方案除了雇主以外可能有一些勞工配合度也不高，因為很多人會希望多加班，可以多增加一些收入。但是在艱困時期需要大眾共體時艱，政府可以採取各種配套措施以盡量化解施行阻力，對配合政策的廠商可給予稅務優惠或其他獎勵措施，若有些人因少了加班費收入而影響到生活時，也可考慮給予現金補貼，如果民眾收入不變又能減少勞苦，同時還可增加其他人更多就業機會時，就會有較高配合度。當這些措施能發揮到預期改善失業的效果時，就會出現一種應對經濟衰退的新模式，在這種模式裏，不需倚賴成長，經濟就可以

穩定運行，失業率也可以獲得控制。

　　傳統應對景氣衰退的經濟振興方案著重在刺激消費及生產，如降息、減稅、消費補貼等，這些做法都是先增加了廠商的銷量後，再由廠商增加雇用員工進行生產，如此政府所花出去的錢只有一部分會成為勞工薪資，另一部分會成為廠商的利潤，然後經濟體中會生產更多商品供大眾消費，所以同時也會促進經濟成長。本節所提新的應對模式中，則是直接把錢交給最需要的失業者及弱勢者，其中由政府雇用的部分，並不從事商品生產，只做生態環保或是弱勢服務的工作，另外由政府補貼以減少加班的措施，則是藉由補助將同樣數量的工作分由更多人來做。如此雖不一定會帶動經濟成長，但只要同樣可以達到改善失業的目的，經濟並不一定非成長不可。在物資供應充沛的先進國家中，社會普遍存在的是肥胖過度的問題，而非營養不良的問題，打開衣櫃煩惱的是衣服太多而不是衣服太少，在富裕的現代社會中，大多數人是消費過多而非消費不足，都已經消費這麼多了，又何必非要再消費更多不可。

　　消費需求降低不一定是壞事情，問題是過剩的生產力無從安置就會造成失業惡化，以及後續連鎖反應還有可能引發更大幅度的衰退蕭條。生產力過剩下的蕭條是人為制度缺陷所造成，而不是大自然強加的不可抗力蕭條，並不難經由人為措施的調整予以改善，應對這種蕭條的傳統方式是設法讓大家消費更多，以消化過剩生產力，但是並非除此之外別無他法。消費需求降低後若不想走回刺激消費的老路，另一個方式就是將現有工作更平均分配給更多人，也就是大家一起減少工作時數或縮減每周工作日數，然後有更多人可以參與這些工作，這可以達到改善失業率並可讓勞工有更多休閒的雙重效果。當然，這

種轉變不會自動發生，必須由政府擔負起引導改變的責任，法規限制、政策獎勵與弱勢補貼都是必要的，遭遇困難或阻力時也必須盡力化解。當更多勞動人口一起平均分攤現有工作時，就可以達到不需增加產出，又可維持充分就業的目標，而經濟的穩定也就不用倚賴不斷堆高的消費成長。當經濟的穩定不用再依賴消費成長之後，環保理念的推展就可以更順利的進行，而不會再陷入生存與環保無法兼顧的左右為難局面。在面臨氣候變遷、資源耗盡、廢棄物累積、水源及空氣汙染等種種環境破壞逐日惡化的現今情勢下，政府實有責任盡力扭轉消費主義的虛華風氣。在總體經濟擺脫了對成長的結構性需求後，政府也將有更多空間可以從長期利益的角度思考經濟發展與環境保護的最佳平衡點，而不用再深陷於成長的迷思之中。

政府直接雇用人員從事生態環保及弱勢服務工作或降低工時以增加工作職缺，這些措施都完全排除對消費的鼓勵，也不著重在擴大公共建設，改以擴大公共服務為主，以及藉由對現職人員現金補貼的方式降低勞工工作時數，以增加其他人員工作機會，擴大公共服務及對現職人員現金補貼所需要的經費可以來自於本章第二節所建議的土地稅及遺贈稅調高及加強核實課徵後所增加的稅收。若政府能適當調高土地稅並核實課徵遺贈稅，資本家還是可以持續累積財富，但是因為土地稅調高的關係，其累積財富的速度會慢一些，而且有些資本家持續累積財富的同時，也有另外一些資本家的財富會以遺贈稅的方式轉回公眾手中，兩者數量大致相等時，財富集中的現象就可獲得控制，政府的財政收入也可以更為充裕。當政府採取了適當賦稅政策，控制財富集中情形不再惡化，並將所增加的稅收全數用於失業的改善及對弱勢的補助時，在這樣的經濟活動循環

中,貨幣數量的淨流出等於淨流入,那麼就可以持續保有相同
數量的貨幣在經濟循環中流動,一般民眾有足夠消費能力維持
經濟穩定運行,不再會因為少數人囤積貨幣而使經濟掉入衰退
迴圈中。

以價制量進一步改變奢華之風

　　雖然追求新奇、刺激、炫耀與地位表徵等消費行為也都是
人的天性,但是這類需求並不是那麼強烈或必要,想減少這類
消費並不困難。除了本節前面所提社會各界共同改變消費文化
外,政府適當的政策引導將可以更有效達到理想效果。要改變
虛華消費風氣最直接有效的政策措施就是以價制量,其中外部
成本內部化是必須的,另外還可以考慮提高消費稅稅率。外部
成本內部化將商品製造使用所產生的環境成本適當的責轉由廠
商及消費者負擔,如課徵碳稅、生態稅等,對環境傷害越嚴重
的商品須要負擔越高賦稅成本,如此廠商所負擔的成本會部分
反映在商品價格上,價格所發出的訊號可以引導消費者往低汙
染商品移動。以價制量的更強力措施是提高消費稅,提高消費
稅會產生縮減消費的效果,但也會較大程度影響底層民眾生活
負擔,因此還需要有更多配套措施。消費稅的調整影響層面較
廣,必然會帶動物價普遍上漲,工人的薪資又不會增加,因而
加重了人民生活負擔,不過此處建議調整消費稅的目的是在減
少消費而非增加稅收,因此制定此項政策時,可以同時設定基
礎消費量以下之消費免稅的措施,以避免影響到底層民眾的生
活,這樣一來就可讓政策更順利推行。

基礎消費量免消費稅有一舉多得的功效

　　要在消費稅制度設定一個基礎消費量作為課稅起徵點難度較高，因為很難在每筆實際消費中判斷是否應課稅，所以可以用變通的方式，先設定一個維持個人必要生活水準的基礎消費量，並以該消費量計算出消費時會附課的稅額，再將計算出的金額以現金方式無條件定期發給每一個人，等於是將基礎消費量以內的稅款又退還給民眾，如此則既能保障底層民眾生活不受影響，又可以達到以消費稅抑制不必要消費的效果，會是一個理想的變通方案。在此方案中消費稅應調整到何種程度，必須實際執行才有辦法評估其實際影響效果，因此消費稅率調整可以用逐漸增加的方式慢慢提高，以免過度衝擊到經濟的正常運轉。消費稅稅率也可以依產品種類不同而訂定不同稅率，例如實物商品通常較服務類商品對環境有較大影響，所以應該訂定比較高的稅率，同樣是交通運輸類商品，航空運輸的稅率又應該比市區客運的稅率為高。

　　將等同退稅的金額無條件發給每一個人不會有不公平的問題，可能會有一些人實際消費量不到基礎消費量，所退稅金額會超過其隨消費附繳的稅額，但那必然是最弱勢的一群，給他們多一些現金補貼剛好可以改善他們的生活。大多數人的消費量都遠高於基礎消費量，因此實行調高消費稅再將基礎消費量以下的稅款全面退稅，消費稅的淨收入將會有所增加，如果財政狀況允許的話，可以對基礎消費量的標準作更寬鬆設定，控制在消費稅淨收入不變的程度，那麼就可以將更多的退稅款全面退給民眾，如果消費稅訂為 20%，那麼底層民眾將可以無差別無條件每期收到一筆基礎消費額兩成的現金補貼，這對照顧遊民、極度貧困等弱勢者會有很大助益，因此這項政策等於是對高消費者增稅，並將增加的稅收用來補助極需幫忙的弱勢

者，可以收到一舉多得功效。

　　消費稅調高之後必然會對消費產生抑制作用，這也是政策本意。當消費縮減之後可能又會出現一些失業增加的現象，此時政府要做的是設法引導降低工時，以及僱用失業人員從事生態環保工作，以回復就業正常，如此則在減少消費、降低地球環境負擔的同時，又可以使所有人都可以獲得更多休閒，而且多餘人力還能運用於有利人類長期生存發展的工作。如果這樣的目標能夠達到，將會是環保工作的一大突破，也為人類文明的永續提供更多的保障。

在國際競爭環境下也可以減少對成長的依賴

　　在國際競爭的大環境中，個別國家減少工時可能會衍生競爭力下滑出口衰退問題，這會對發展中國家或出口導向國家造成較大影響，出口廠商有可能因為成本上升競爭力下滑，訂單減少致使產能與人力的縮減比預期嚴重，這個問題可以透過補貼的方式予以補救，當出口廠商降低工人工作時數但沒有減少工人工資時，廠商成本增加，此時可對廠商進行補貼，當廠商降低工人工作時數也同時降低工資時，廠商成本不變，工人收入減少，此時可以對工人進行補貼，如此即可維持出口競爭力不變，使出口產業不至於受到太大衝擊。先進富裕國家的民生消費品很多都是進口自發展中國家，當先進經濟體減少消費時，會對發展中國家外銷產業產生衝擊，發展中國家面對這種情勢也應該盡快尋求自我轉型。發展中國家工時普遍較高，經濟倚賴出口的另個解讀就是以本國勞工的心血付出供應先進國家民眾的舒適消費，換來的是先進國家所發行的貨幣或債權，而這些貨幣或債權的價值並不實在，隨時都會因通膨而貶損。

當先進國家不再需要這麼多商品時，政府恰可以用前述補貼方式趁勢引導廠商降低勞工工時，以此方向調節出口商品的產量，既可避免失業問題惡化，又可把休閒還給本國勞工。至於補貼經費之來源也不會有問題，因為出超國政府之所以會有財政赤字，完全是因為財富集中因素所造成，富人將貨幣囤積起來政府才會沒錢，如果政府採取適當措施有效扭轉財富集中，如調高地價稅、落實遺贈稅等，那麼富人無法繼續囤積貨幣，政府也就可以有足夠經費來進行這些經濟活動的調節。

建構公平正義的經濟社會有助人心觀念與社會風氣改造

　　從富裕到悠閒之路，只要有共識，政府是有能力加以引導的，技術性問題都不難克服，主要的困難癥結在於公眾的觀念與意願。最大阻力會來自於廠商資本家的抗拒，因為嚴重減損他們的商業利益；最大的觀念衝擊在於顛覆傳統對成長的崇拜與依賴，一時之間會難以令人認同，有些人可能會覺得這是要讓生活倒退的荒謬言論。傳統觀念認為成長才是進步的、成長才能向上提升、成長才能改善生活、成長才能消除貧窮。但是經過兩百多年的成長，先進國家中尋常一般民眾對該有的必需品都能很容易擁有，其物質生活條件也都比古代富豪還要優越舒適，還會感到不足之處大部分是來自於覺得比別人少。就算是貧困者，在社福體系支援下其消費數量也遠比古代一般平民還要多上許多。富裕社會所存在的窮人，是分配不均所造成的，而不是物質缺乏所造成的，富裕國家裡的貧窮問題，是出在於分配不均，出在於對比落差，而不在於匱乏。有心要改善貧窮的話，何必用富人更多消費的方式來改善窮人的貧窮，更公平的分配規則，不是更直接有效嗎？從改善生活角度看，從

增進人類幸福角度看，實在沒有非成長不可的理由。經濟成長只是手段，而不應被視為目的，增進全民福利才是目的。沒有生活品質而過勞工作所獲致的成長是錯把手段當目的，犧牲環境、犧牲未來所獲致的成長也是錯把手段當目的，必須能獲得工作與生活的平衡，必須能兼顧文明永續的成長才是有意義的成長。

明白了成長的非必要性，也體悟到無止盡成長對人類未來的威脅之後，要改變社會消費觀念，要說服大眾減少一些新奇、減少一些炫耀，或許也並不困難，更困難的是難以消除人們對財富追求的迷戀。在成長模式中，人們為了增加更多消費而努力工作，又為了增加工作機會而努力消費，如此循環中獲益的只是企業可以持續累積更多財富。一但要改變這種模式，必然大幅限縮企業獲利空間，因此企業財團對消費稅的調整政策必然會以各種方式阻擋，對縮減工時的政策也會全力抵制或陽奉陰違。除了來自企業財團的巨大阻力，一般民眾的配合度也可能不如預期，因為對很多人來講，對貧窮的厭惡更甚辛勞，他們寧願忍受辛勞也要盡量減少貧窮，有賺錢的機會就會想要多賺錢，尤其是天性勤奮的台灣人更是如此。因此政府為了平均分攤工作並減輕勞工辛勞施行了縮減工時政策以後，很多人如果有加班的機會還是會盡量加班，使得想藉由平均分攤工作以改善失業的政策目標受到影響，政府要減輕勞工辛勞的美意也大打折扣。這些現象都需要更多宣導說服，以及更多配套措施來加以化解。其中環保的生活理念如果能夠深植人心，有錢也不會盡情使用，那麼就可以減少很多拼命賺錢的心理。完善的社會福利制度以及充分就業的經濟環境也很重要，有充分就業的經濟環境以及有完善的社會福利制度，大家對未來不會很擔

心，那麼人們也就無需過勞的賺錢存錢了，畢竟努力工作是為了讓我們生活得更美好，為賺錢而犧牲美好的生活實在是本末倒置。政府為改善財富集中現象所採取的措施，對消除人們寧願過勞也要拼命賺錢的心理也有幫助，如果個人擁有的財富會被課重稅，所擁有的財富也不會有以錢滾錢的功能，就會減少人們囤積財富的動機，從心理面消除人們拼命工作想快速存到第一桶金再以錢滾錢的心理。當政府的政策措施成功的引導社會風氣改變後，就可以還給人們一個工作與休閒平衡、身心靈都富足的美好生活了。

為了永續改變是必須的

富裕的生活人人渴望，但是無論如何追求終究只有少數人可得，卻犧牲了所有人的生活品質、環境生態、有限自然資源等，實在是得不償失。科技的發展，無數的發明與創新並沒有減輕窮人的勞累，也沒有改善他們的拮据，每天工作十多個小時才可維持生計，這是對現代科技文明的一大諷刺。科技發展的初衷是為了更輕鬆舒適的生活，是為了減輕人們工作負擔，但是現實世界進步的技術不但沒有減輕人們負擔，為了讓多餘勞動力持續有事可做，還要鼓勵大家進行原本不是很想要的消費，以便能生產更多原本不是很需要的商品，除了維持企業的利益外，一無是處。政府一味自許自由市場的保護者，而縱容毫無節制的追求消費主義時，只會將人類持續帶往自我毀滅的方向。當社會勞動力過剩時，降低工時才是理想的改變，生產力過剩的情形下降低工時並不會降低人們物質條件，反而會因為增加悠閒而提高生活品質，當社會勞動力過剩時，正是打造一個輕鬆悠閒社會的良好時機。有了觀念與作為的改變，就可

以使科技的發展不只是增加人們物質生活，還能夠真正減輕人們的工作負擔，增加所有人的休閒。也不必為了消費而消費，徒然增加地球環境負擔。

富豪資本家、殷實富戶、媒體、中產階級以及所有普羅大眾，每一個人都應該要有生命共同體的觀念，貪求財富、炫耀與新奇等增加不了多少幸福，但到頭來卻危害到自己以及自己的子孫，不只是為了窮人，也為了自己及自己的後代子孫，改變需要每個人的共同努力。道德的呼籲很重要，但只有政府才是關鍵角色，放任競爭只會讓過勞與失業持續壓迫窮人身心，只會讓過度消費危害所有人的生存環境，只有政府願意著手推動改變的政策，才能讓所有人有所依循，踏踏實實地往改變的方向前進。

7-5 烏托邦可以不只是烏托邦

　　當政府致力於消除貧窮、扭轉財富集中、改善失業與過勞、平衡消費與環保，依本書建議所採取的各項改革措施取得成效之後，經濟社會將可步入一個新境界，一個接近大同理想的境界，雖然貨力為己，仍然能達成「老有所終，壯有所用，幼有所長，鰥寡孤獨廢疾者皆有所養」的理想經濟社會，可以稱之為準烏托邦。準烏托邦所呈現的社會美好有兩大特點，第一個特點是具有充分就業的環境，所有能夠工作、願意工作的人都能順利靠自己的勞力過活，都能有經濟自主性，不必為尋找工作擔憂。每個人只要願意勞動都能有尊嚴的生活，尊嚴生活包括每周工作四十小時以內，能支應一般日常基本食衣住行育樂以及社交往來所需，不至於寒酸羞恥。少數因疾病、意外等不可抗力因素而生活困難者，則有完善社會福利制度予以妥善協助，所有人都能免於匱乏的恐懼。第二個特點是人民的生活消費與生態環境的維護可以取得平衡，所有消費活動所產生的環境傷害，都可以經由人為修補或自然的自癒機制而得到回復，在不對人類文明永續構成威脅的範圍內，最大程度滿足人們的消費需求。在這個境界中，科學的進步不僅帶來物質消費

與財富累積，也帶來了輕鬆悠閒與文明永續，而不會將人類導
向自我毀滅之路。

　　準烏托邦的經濟制度仍然是我們所熟悉的那個資本主義，
資本家企業主、高階管理人員、專門技術人員、中產階級、基
層勞工各有各自的角色地位，由財富分配與能力機遇所安排；
各有不同的工作內容與所得待遇，依市場供需決定。雖然如此，
基層勞工有基本工資保障無需過勞，危險或汙臭的工作有科學
方法幫忙將危險與汙臭降到最低，勞工所得足以支應安穩的生
活，沒有相對剝奪感，階層流動機會也有增加，各階層相處較
融洽，社會較和諧。企業之間仍然會有競爭，但是無法以壓迫
勞工節省成本的方式來提高自己的競爭能力，企業必須憑藉其
優越的生產技術、良好的管理能力以及精確的市場判斷，為社
會提供最好的商品服務，才能為自己創造最大利潤。不平等雖
無法避免，但是是以每個人的貢獻、能力與努力來安排階級的
流動，制度所造成的不公平可以降到最低。社會中不幸事件或
境遇堪憐者仍會存在，但是人為制度所造成的悲慘已經消除，
非制度造成的悲慘也會有完備的社會福利制度加以照顧協助。

　　準烏托邦仍然是資本主義，但是會在資本主義體制下致
力於改善財富差距所產生的不公平，這並不意味所有人的物質
生活都能相同。所得分配會因個人的貢獻、努力與能力而有所
不同，貢獻大的人有較高所得可以享有較優渥的物質生活，極
大貢獻者可以享有豐沛的物資與勞務資源、享有尊崇與榮耀，
但是都以當時所取得的報酬為限，不會因為持有財富就可以源
源不絕的再增加新財富，不會因為一時貢獻就可享有永世的供
俸。擁有較多財富者，雖然還是可以用財富進行投資獲取資本
報酬，但是平均而言資本報酬的回報只能抵銷他所需要繳納的

稅金,以錢滾錢的獲利模式不具有可靠效果。擁有閒置資金的
人必須盡心觀察研判何種產業最有益社會福祉,並將資金投入
該產業而對社會產生最大的助益後,才能獲得最大回報。承擔
風險的資金有些可有較高報酬,有些只有較低報酬,有些甚
至虧損,但是財富承擔風險投入生產後平均而言能維持原有規
模,閒置的財富會因為稅負機制而慢慢減損。在這樣的機制下
食利族群將會逐漸消失,社會有更多勞動力參與勞動,每個人
工作負擔減輕,生活變得更輕鬆自在。個人無法因為有了財富
就可以源源不絕的繼續產生新財富,就不能無所顧忌的放縱消
費,能擁有高消費能力的人都是因為對社會有大貢獻所應得的
待遇,因而減少了階級的不公平感,一般人民可以安居樂業,
社會更祥和美好。

在準烏托邦中財富仍會持續增長,但以實體財富增長為
主,資本家經由實體投資會持續創造累積機器設備、房屋建築
等財富,增長的實體財富大部分會流入資本家手中,但除此之
外,土地兼併的情形會大量減少,民間債務與政府債務也不再
膨脹。資本家所累積的財富以生產設備為主,其餘的財富不會
再有集中的現象。富人雖持續會有貨幣儲蓄,但也有些富人需
要繳交大額遺贈稅,前者的數量大約等於後者。政府增加的稅
收全部用於照顧弱勢或調節經濟,用以彌補起始點的不公平,
用以修補資本主義的缺陷,例如擴大政府雇用、補貼綠色企業
創造就業機會,或補貼勞工因縮減工時所減少的收入等。這些
支出會全數流回實體經濟中使用,實體經濟裡的貨幣數量淨流
出等於淨流入,可以維持相同數量的貨幣持續在經濟循環中流
動,景氣波動會相對穩定,經濟情勢不再動盪不安。在準烏托
邦中財富不再繼續集中,因此政府不用過度發行貨幣,也不用

過度舉債，不會有惡性通膨隱憂。政府在調節經濟的過程中，也可適度增發貨幣，以因應經濟規模擴張後的貨幣需求，也可以適度舉借公債，以增加財務調度彈性，但會保持與經濟規模擴張的幅度同步增長，將通貨膨脹限制在可控制範圍內。

在準烏托邦中財富沒有再生財富的功能，再多的財富也不會有一勞永逸的效果，人們都有完善生活保障、都可免於匱乏的恐懼。人們不再為追求財富所綑綁，無須汲汲營營的累積財富，大多數人們願意擁有更多休閒，不必為了多賺錢而既犧牲自己生活品質又減少他人工作機會。因此進步的生產力可以真正幫人們減少工作負擔而不是減少人們的就業機會，社會不用擔心機器人的出現會搶奪大家的工作，反而期待機器人會為大家帶來更多福祉增加更多悠閒。科技發展為減輕人們工作負擔的初衷得以實現，隨著科技持續進步，人們可以有越來越輕鬆舒適的美好生活。

在準烏托邦中浮誇的物質消費無法成為榮耀，無法以消費來獲取讚賞，人們不須要更多消費，就能身心富足，人們不貪求新奇、不以物質炫耀為榮、也不喜新厭舊，商品都可以發揮最大實用價值。喜歡享樂的人還是可以享樂，只是所有的消費都要付出較高代價，高消費稅政策使人們減少很多不必要消費，同時不會對基層民眾的生活造成影響，而且因為每個人都可以收到一筆基礎消費量的退稅補償，還會對弱勢者有所助益。因為高消費稅政策的影響以及社會風氣改變，人們也願意減少一些隨興，多盡一些舉手之勞，用過即丟的一次性商品大量減少，人們也厭惡過度包裝，大量浪費包材的商品不會為產品加分，反而有可能受到抵制。在政府政策引導以及社會風氣改變之下，自然資源的消耗減緩，環境汙染與垃圾累積降低，

已經逐漸耗竭的自然資源有時間經由科學方法找到替代品，已經受到傷害的環境生態有空間經由綠色經濟的商業模式獲得修補，在準烏托邦中人與自然可以和諧共存，人類文明的永續可以獲得保障。

這不是一個完美無缺的境界，但是是具體可行有可能達到的相對理想境界。只要願意將此境界作為追求的目標，有具體可行的方向道路可供依循，這個具體的方向並不特別，就是傳統藉由租稅政策調整來促進財富重分配並發揮引導經濟走向的功能，重點是願意去做，並且能化解推動的阻力，能解決執行過程中所發生的問題。本章前面各節所提出應從土地稅、遺贈稅及消費稅著手進行改革的主張，已就其合理性、可行性及有效性都作了完整說明，這是一個邏輯明確、顧慮周全、前後連貫的永續經濟體系，在現行體制下只須用最小代價、最溫和的方式進行變革就可達到的境界，採行與否只有意願的問題，而不會有技術性上的問題。

制度缺陷所造成的過勞、低薪與貧富差距擴大等問題，無法依賴經濟成長就可得到自然解決，放任競爭則工資鐵律的現象永遠也無法改變。今天這個貧富差距持續擴大、過勞與失業普遍同時存在的社會，是政府所造成的，政府有義務把她改造的更好。透過賦稅制度與社福制度的重分配效果，才能有效修補制度缺陷，回復更多公平性。制度缺陷所產生環保與生存難以兼顧的問題，無法單憑道德勸說就能有所改變，必須要政府先從機制上擺脫經濟對成長的依賴，再以政策引導社會所有成員在觀念上、行為上做出改變，去除對新奇的追求、去除對奢華的崇尚、去除炫耀攀比的消費心理，如此才能有效減少不必要的消費，從源頭降低對環境的傷害。當政府部門及社會大眾

都願意朝這些方向改變時，雖然少一些新奇刺激或少一些炫耀奢華，但卻可以多出很多的悠閒，最重要的是可以留給未來較乾淨完好的生活空間。反之現在不願主動有序的改變，將來後代子孫就有可能被迫以痛苦的方式改變。

　　民主時代，政府的任何政策都必須以民意為最大考量，人民的意向會很大程度主導政策的方向。在推動改善貧富差距政策時，只要是增稅政策，財富受到影響者受損的感受直接而明確，而其可能帶來的普遍效益，卻難以立即呈現，因此任何增稅政策的推行，輿論反對的聲浪必定都遠大於支持的力量。在環保政策推動上，民眾已經習慣的豪邁、隨興生活想要予以限縮，也必定會引發龐大民怨。這些都會是打造準烏托邦理想境界的最大困難。如果本書的理念能獲得普遍認同，一般大眾都能了解到土地稅、遺贈稅對扭轉財富集中所能帶來的真正好處，也體悟到過度消費對現時無益又對未來會有巨大傷害，認同高消費稅抑制不必要消費的功效，大家為了自己也為了別人，為了現在也為了將來，都願意做出一些改變，那麼由下而上的推動力量，將可以支持政府進行理想的變革，藉由土地稅、遺贈稅、消費稅的調整扭轉財富集中現像、改變消費行為，並將增加的稅收用於加強照顧弱勢、扶持綠色經濟、縮減勞工工時等方面的努力，如此社會的發展必能往更美好的方向前進，打造一個均富永續大同社會的願景也將可以獲得逐步實踐的機會。

後　記

　　本書完稿準備出版之際，中美貿易戰戰火已延燒多時，在各自堅持己意互不相讓之下，局面有愈趨惡化之勢，後續發展如何不得而知，但已經對全球經濟的持續成長投下巨大衝擊變數。雖然本書最後有提到去成長的主張，但必須是建立在就業的穩定已經擺脫對成長依賴的前提之下，才會是一個理想可行的方向，在當前情勢下，如果經濟發展被迫陷入到劇烈衰退局面，那可能又會給更多底層民眾帶來嚴重的失業困境。如果局面往悲觀的情勢持續發展，少不得相關政府又要祭出巨幅的擴張政策因應，只是金融海嘯至今，各國政府都已經累積了龐大債務，債務規模幾乎都接近到歷史最高水平，如果再一味的持續擴張政府債務，難保不會發生惡性通膨的重大危機。就如本書所提到的一個重要概念，政府一再印鈔救市膨脹債務的作為，只是讓富豪可以持續地累積財富而已，代價則是將惡性通膨隱憂留給後世承擔。因此面對世界經濟局勢持續惡化的當下，政府實應多思考開源之道，為很可能即將發生的巨大經濟危機備好救市的彈藥糧草，而本書所建議土地稅、遺贈稅等不影響經濟效率的稅務改革，不僅是扭轉財富集中、縮小貧富差距的最有效可行方案，也會是面對很可能即將發生之經濟危機的重要因應方案。

　　中美貿易戰的出現給了我們一些啟示，出口導向的經濟發展策略終究不是長遠之計，每一個國家都想要貿易順差，那又由誰來承擔貿易逆差呢？又有哪個國家可以無止境的承擔貿易逆差呢？另一方面，發展中國家運用低廉的勞動力以及寬鬆的環保法規為先進國家提供物美價廉的商品，藉由國外需求以創增本國人民的就業機會，這是現代後進國家典型的起步模式，但是後進國家以人民的辛苦勞動以及不計價的環境成本供應先進國家的生活享用，然後還要被批判為佔先進國家便宜，並飽受威脅限制，是否非得一直如此不可，值得深思。如果臺灣有一天也面臨到貿易戰的處境，又該怎麼辦？

　　有些出超國雖然累積大量外匯存底，但這些外匯存底根本不是人民平均共有的資產，這些外匯存底並不是政府的淨資產，而是央行部門發行本國貨幣所購入的發行儲備，可以說是國內有錢人寄存在央行的外國貨幣資產，因為他們需要時隨時可以用手上的本國貨幣換取這些外國貨幣資產。長期出超的結果累積的是資本家的財富，而非人民公共的財富，況且這些外國貨幣資產都是由外國政府所控制發行，隨時都有可能因為外國政府的浮濫舉債而價值貶落，出口順差的利益並沒有想像中來的大。

　　誠然，對很多出超國來講，國內的就業有很大程度必須仰賴國外需求，但是當國外不再需要你的商品與服務時，是不是就無計可施了呢？這個問題正是本書的重要主題之一。經常帳收支順差的國家代表的是國內生產力過剩，所以要想辦法擴充國外需求以填補國內需求的不足，而當國外需求無法繼續提供時，就會回歸到本書封閉經濟體的假設，在本書第七章有談到當國家生產力過剩而失業率攀高時，這些過剩的生產力可以設

法用於環境保護、社會服務等工作，也可經由縮減工時政策，把工作平均分攤給更多人做，把悠閒還給人民。當然這些政策措施都需要政府有充足的經費，而本書所建議為扭轉財富集中進行的稅務改革正可提供經費來源，因此這些稅務改革建議可以說也是應對貿易戰的一項重要解方，只要財富不再集中，政府就可以有足夠的能力調控經濟，只要財富不再集中，整個經濟體就能夠保有足夠消費力，維持經濟的穩定與就業的充分，也就不用非要依賴外貿順差不可了，相關原理已在全書中詳細解說，不再贅述。

　　貿易戰所引發的經濟衰退不是現階段我們所樂見的，然而形勢比人強，如果大環境無法避免衰退，那麼政府摒棄傳統刺激消費救經濟的應對模式，嘗試一下縮減工時政策，雖不能刺激成長，但同樣可達到穩定就業的功能，而且一來不用勉強人們進行原本不是很想要的消費，二來又可減少很多人們的勞苦，達到一舉多得之效果，如此人與自然和諧共存的烏托邦理想也許真能有實踐的機會。

作者

2019 年 9 月

參考書目
(依作者字母或筆畫排序)

1.Anthony B. Arkinson 著，吳書榆 譯，《扭轉貧富不均》，臺北：遠見天下文化 (2015)。

2.Carol Graham 著，吳書榆 譯，《幸福經濟學》，臺北：漫遊者文化 (2008)。

3.David Harvey 著，許瑞宋 譯，《挑戰資本主義》，臺北：時報文化 (2018)。

4.David K. Shipler 著，趙人睿 譯，《窮忙：這樣的世代》，臺北：時報文化 (2016)。

5.David Warsh 著，周曉琪 譯，《知識與國富論》，臺北：時報文化 (2008)。

6.Dixon Wecter 著，秦傳安 譯，《經濟大蕭條時代》，新北：德威國際文化 (2009)。

7.Facundo Alvaredo 等著，劉道捷 譯，《世界不平等報告》，新北：衛城出版 (2018)。

8.Gottfried Haberler 著，許大川 譯，《繁榮與蕭條》，臺北：臺灣銀行 (1972)。

9.Harry S. Dent, Jr. 等著，王怡棻 等譯，《2012 大蕭條》，臺北：商周出版 (2012)。

10.Henry George 著，吳良健 等譯，《進步與貧困》，北京：商務印書館 (2010)。

11.Herbert Stein 著，金清 等譯，《美國總統經濟史》，長春：吉林人民出版社 (1997)。

12.John Kenneth Galbraith 著，羅若蘋 譯，《1929 年大崩盤》，臺北：經濟新潮社 (2009)。

13.John Maynard Keynes 著，高鴻業 譯，《就業、利息和貨幣通論》，北京：商務印書館 (1999)。

14.Joseph E. Stiglitz 著，羅耀宗 譯，《不公平的代價》，臺北：天下雜誌公司 (2013)。

15.Muhammad Yunus 等著，林麗雪 譯，《三零世界》，臺北：大塊文化 (2018)。

16.Paul Krugman 著，楊大慶 譯，《克魯曼觀點：拼有感經濟》，臺北：時報文化 (2012)。

17.Quesnay, François 著，吳斐丹 等譯，《魁奈經濟著作選集》，北京：商務印書館 (2009)。

18.Raghuram G. Rajan 著，羅耀宗 等譯，《金融斷層線》，臺北：高寶國

際 (2011)。

19.Ravi Batra 著，陳正芬 譯，《葛林斯班的騙局》，臺北：經濟新潮社 (2005)。

20.Robert B. Reich 著，周徵 譯，《拯救資本主義》，臺北：聯經出版事業 (2017)。

21.Robert L. Heibroner 著，唐欣偉 譯，《俗世哲學家》，臺北：商周出版 (2000)。

22.Satyajit Das 著，許瑞宋 譯，《停滯的年代》，臺北：遠見天下文化 (2016)。

23.Stephen D. King 著，李振昌 等譯，《經濟成長的終結》，臺北：商周出版 (2013)。

24.Thomas J. Hailstones 著，黃文瑞 譯，《供給面經濟學導論》，臺中：國彰出版 (1985)。

25.Thomas Piketty 著，陳郁雯 譯，《不平等的經濟學》，新北：衛城出版 (2016)。

26.Thomas Piketty 著，詹文碩 等譯，《二十一世紀資本論》，新北：衛城出版 (2016)。

27.Tim Jackson 著，朱道凱 譯，《誰說經濟一定要成長？》，臺北：早安財經文化 (2011)。

28.Tyler Cowen 著，洪慧芳 譯，《再見，平庸世代》，臺北：早安財經文化 (2015)。

29.Ulrike Herrmann 著，賴雅靜 譯，《資本的世界史》，新北：遠足文化 (2018)。

30.毛慶生 著，《總體經濟學古典新論（一）》，臺北：雙葉書廊 (2014)。

31.毛慶生 等著，《經濟學》，台北：華泰文化 (2015)。

32.李逆熵 著，《資本的衝動》，北京：時代出版傳媒 (2016)。

33.陳明郎 著，《經濟成長》，臺北：華泰書局 (2012)。

34.張清溪 等著，《經濟學：理論與實際》，臺北：翰蘆圖書 (2016)。

35.程國強 著，《美國史 (1901-1985)》，臺北：華欣文化 (1985)。

36.黃仁德 等著，《現代經濟成長理論》，臺北：華泰書局 (2001)。

37.黃兆群 著，《美國人民創業史 (1607-1945)》，臺北：文津 (2015)。

38.楊春學 著，《凱恩斯 John Maynard Keynes》，香港：中華書局 (2006)。

39.楊衛隆 著，《次帶扭曲的世界》，臺北：高寶國際公司 (2008)。

40.廖世机 著，《永續消費與消費公民權》，臺北：翰蘆圖書 (2018)。

41.謝寬裕 著，《總體經濟學的再革命—供給面經濟學》，臺北：華泰書局 (1985)。

42.韓鐵 等著，《戰後美國史 (1945-1986)》，北京：人民出版社 (1989)。

國家圖書館出版品預行編目資料

經濟發展新論與願景 / 吳文進 著
　--初版-- 臺北市：博客思出版事業網：2020.1
　ISBN 978-957-9267-45-8(平裝)

1.經濟發展 2.經濟理論 3.市場分析

552.15　　　　　　　　　　　　108020044

商業管理 11

經濟發展新論與願景

作　　者：吳文進
編　　輯：楊容容
美　　編：塗宇樵
封面設計：塗宇樵
出 版 者：博客思出版事業網
發　　行：博客思出版事業網
地　　址：台北市中正區重慶南路1段121號8樓之14
電　　話：(02)2331-1675或(02)2331-1691
傳　　真：(02)2382-6225
E—MAIL：books5w@gmail.com或books5w@yahoo.com.tw
網路書店：http://bookstv.com.tw/
　　　　　https://www.pcstore.com.tw/yesbooks/
　　　　　博客來網路書店、博客思網路書店
　　　　　三民書局、金石堂書店
總 經 銷：聯合發行股份有限公司
電　　話：(02) 2917-8022　　傳 真：(02) 2915-7212
劃撥戶名：蘭臺出版社 帳號：18995335
香港代理：香港聯合零售有限公司
地　　址：香港新界大蒲汀麗路 36 號中華商務印刷大樓
　　　　　　C&C Building, 36,Ting, Lai, Road, Tai,Po, New,Territories
電　　話：(852)2150-2100　　傳真：(852)2356-0735
出版日期：2020年1月 初版
定　　價：新臺幣320元整（平裝）
I S B N：978-957-9267-45-8